FICHA CATALOGRÁFICA

(Preparada na Editora)

Bueno Neto, Joaquim, 1970-

B94j *Junto a Jesus* / Joaquim Bueno Neto. Araras, SP,
IDE, 1ª edição, 2021.

256 p.

ISBN 978-65-86112-01-6

1. Espiritismo 2. Mensagens I. Título.

CDD -133.9

-133.91

Índices para catálogo sistemático:

1. Espiritismo 133.9
2. Mensagens 133.91

JUNTO A JESUS

ISBN 978-65-86112-01-6
1ª edição - março/2021

Copyright © 2021,
Instituto de Difusão Espírita - IDE

Conselho Editorial:
Doralice Scanavini Volk
Wilson Frungilo Júnior

Produção e Coordenação:
Jairo Lorenzeti

Revisão de texto:
Mariana Frungilo Paraluppi

Capa:
Samuel Carminatti Ferrari

Diagramação:
Maria Isabel Estéfano Rissi

INSTITUTO DE DIFUSÃO ESPÍRITA - IDE
Av. Otto Barreto, 967
CEP 13602-060 - Araras/SP - Brasil
Fone (19) 3543-2400
CNPJ 44.220.101/0001-43
Inscrição Estadual 182.010.405.118

www.ideeditora.com.br
editorial@ideeditora.com.br

Todos os direitos reservados. Nenhuma parte desta publicação pode ser reproduzida, armazenada ou transmitida, total ou parcialmente, por quaisquer métodos ou processos, sem autorização do detentor do copyright.

Joaquim Bueno Neto

Junto a Jesus

Manter-se próximo a Jesus significa
medida primordial à renovação íntima.

ide

SUMÁRIO

Capítulo 1 - **IRMANADOS AO MESTRE**, *9*

Capítulo 2 - **NOTÁVEIS DESBRAVADORES**, *15*

Capítulo 3 - **O SENHOR DOS SERMÕES**, *21*

Capítulo 4 - **A PARÁBOLA JURÍDICA**, *27*

Capítulo 5 - **O MAU RICO**, *33*

Capítulo 6 - **NA HORA DA ESCURIDÃO**, *39*

Capítulo 7 - **A BÊNÇÃO DO RETORNO**, *45*

Capítulo 8 - **UNIÃO DE POVOS E RELIGIÕES**, *51*

Capítulo 9 - **FENÔMENOS ESPIRITUAIS NO EVANGELHO**, *57*

Capítulo 10 - **PERANTE A CRIANÇA**, *63*

Capítulo 11 - **PARA A LUZ BRILHAR**, *69*

Capítulo 12 - **"VEDE JESUS"**, *75*

Capítulo 13 - **A PEDRADA**, *81*

Capítulo 14 - **UM APELO DE KARDEC**, *87*

Capítulo 15 - **DEVOTAMENTO E ABNEGAÇÃO**, *93*

Capítulo 16 - **O TRAVESSEIRO**, *99*

Capítulo 17 - **MENINOS E ADULTOS**, *105*

Capítulo 18 - **LIÇÕES DA INFÂNCIA DO CRISTO**, *111*

Capítulo 19 - **ORAR, ESTUDAR E SERVIR,** 117

Capítulo 20 - **O TEXTO NO CONTEXTO,** *123*

Capítulo 21 - **A PRIMEIRÍSSIMA LEI DO CRISTÃO,** *129*

Capítulo 22 - **DESENVOLVENDO GRATIDÃO,** *135*

Capítulo 23 - **UM PEDIDO MUITO ESPECIAL,** *141*

Capítulo 24 - **TRABALHO - MOVIMENTO DA VIDA,** *147*

Capítulo 25 - **A ENTRADA TRIUNFAL,** *153*

Capítulo 26 - **ENTRE O QUERER E O DEVER,** *159*

Capítulo 27 - **A PODEROSA TRAVE,** *165*

Capítulo 28 - **A CÉSAR E A DEUS,** *171*

Capítulo 29 - **A SUBLIME ALIANÇA,** *177*

Capítulo 30 - **DISCÍPULOS MODERNOS,** *183*

Capítulo 31 - **JUSTIÇA DIVINA,** *191*

Capítulo 32 - **COMO QUISERMOS,** *197*

Capítulo 33 - **LÁZARO, A PEDRA E AS FAIXAS,** *203*

Capítulo 34 - **BANQUETE COM JESUS,** *209*

Capítulo 35 - **MUNDO ÍNTIMO,** *215*

Capítulo 36 - **EM PROL DA SERENIDADE,** *221*

Capítulo 37 - **NOSSAS OBRAS,** *227*

Capítulo 38 - **A EXPERIÊNCIA DE JUDAS,** *233*

Capítulo 39 - **A SEDE DO CRUCIFICADO,** *239*

Capítulo 40 - **DA ÁGUA PARA O VINHO,** *245*

CAPÍTULO 1

IRMANADOS AO MESTRE

Escreveu Allan Kardec, na Introdução de *O Evangelho Segundo o Espiritismo* (item I, § 2°), que a leitura dos Evangelhos apresenta muitas dificuldades, seja pela forma alegórica ou pelo misticismo intencional da linguagem, o que faz com que muitos os leiam mais por desencargo de consciência e por obrigação, o que vale dizer sem proveito.

Isso se torna ainda mais complicado quando nos deparamos com passagens controvertidas, em que o Cristo diz (ou faz) coisas que aparentemente contrariam a imagem que fazemos Dele.

Diante do enigma, somos levados a pensar: ou o Mestre não disse (nem fez) aquilo que está escrito, ou o problema é puramente de deficiência da nossa interpretação.

Ilustramos a questão com intrigante passagem do Evangelho de Mateus (12:46-50), em que Jesus parece retrucar a Seus parentes (especificamente Sua mãe e irmãos) com a conhecida frase que disse aos discípulos, quando aqueles O procuravam: *"Quem é minha mãe, e quem são meus irmãos? E, olhando para os que estavam sentados à roda de si, disse-lhes: Eis aqui minha mãe e meus irmãos. Porque o que fizer a vontade de Deus, esse é meu irmão, e minha irmã, e minha mãe"*.

Sobre Seus irmãos, sabe-se que não compreendiam bem a missão do Mestre, devendo, até mesmo, partilhar da crença dos Seus adversários.

Sobre Sua mãe, há interessantes informações em leituras complementares, como a que temos no capítulo 30 da obra de Humberto de Campos, intitulada *Boa Nova* (Ed. FEB), psicografada por Francisco Cândido Xavier.

Ali vemos que, desde a infância de Jesus, Sua mãe se preocupava com Seu futuro, dada a inocência do menino, diante de um mundo cheio de maldades. Temendo sempre pelo destino do filho amado, não é difícil supor que Maria comparecia naquela oportunidade, junto dos irmãos de Jesus, motivada pelo seu amor maternal.

É preciso enfatizar que a atitude do Mestre

não foi um desrespeito pelos Seus familiares, muito menos por Sua mãe. Afinal, como conceber que Ele rompesse com um dos mandamentos da Lei ("Honrar Pai e Mãe"), uma vez que viera para cumpri-los?

É mais sensato supor que o Mestre estivesse ensinando sobre a fraternidade universal, que todos somos irmãos, filhos de um único Pai.

Sobre isso, é válido recordar a instrução de Emmanuel, por intermédio de Francisco C. Xavier, no livro *O Consolador* (Ed. FEB), questão 342, a qual orienta que Jesus quis se referir à precariedade dos laços consanguíneos quando comparados aos do amor fraternal, que devemos uns aos outros.

Em outra obra de sua lavra, o livro *Cinquenta Anos Depois* (Ed. FEB), no capítulo 5, Emmanuel volta ao tema, recordando que Jesus nunca desejou falar contra os laços sagrados da família, mas que Suas palavras se dirigem à eternidade, abrangendo todas as situações e séculos futuros e que o Seu alvo é a fraternidade universal, acima dos limites estreitos da consanguinidade.

É preciso reconhecer que as palavras do Mestre

nem de longe supõem desrespeito pelos Seus parentes terrenos. Antes, enunciam verdades espirituais profundas, relacionadas à vida futura, como se dissesse: *Todo aquele que pratica as Leis de Deus está irmanado a mim*!

Agora, a pretexto de buscarmos a família universal, não podemos descuidar dos vínculos da família terrena, afinal, ela é a instituição primeira da caridade e por meio da qual, segundo Emmanuel, Deus experimenta nossa maturidade emocional, longe das aparências exteriores.

É ali que somos convidados a desenvolver o amor amadurecido, conceito empregado pelo psicanalista Erich Fromm, em seu livro *A arte de amar (Martins Editora)*, arte que pressupõe três pontos essenciais: preocupar-se com o outro, nunca tratá-lo como objeto e respeitar-lhe a liberdade.

A convivência fraternal entre as pessoas, baseada em respeito e cooperação, quando o forte ampara o fraco, é o que faz uma sociedade legitimamente cristã.

O amor é esta arte, que se aprimora justamente

na convivência, sobretudo entre os mais próximos de nós.

"Amar, no sentido profundo do termo, é ser leal, probo, consciencioso, para fazer aos outros aquilo que se deseja para si mesmo. É buscar em torno de si a razão íntima de todas as dores que acabrunham o próximo, para dar-lhes alívio", instruem os Espíritos Superiores, no capítulo 11, item 10 de *O Evangelho Segundo o Espiritismo*.

Não nos sentimos no direito de acrescentar coisa alguma ao Evangelho. As sagradas palavras, ali reunidas, falam por si. Com a colaboração inestimável do confrade Carlos Roberto Zampieri, com quem assumimos uma dívida de gratidão pelo apoio neste trabalho, comparecemos aqui apenas na condição de quem não consegue disfarçar o próprio fascínio pela vida do Cristo e pela necessidade do estudo permanente de Seus ensinos, rogando a Ele que essas informações possam se somar à sua bagagem, caro leitor, de conhecimentos, na esperança de que elas, gradativamente, iluminem essa caminhada, até o dia em que possamos dizer que estamos, de fato, "irmanados ao coração do Mestre".

CAPÍTULO 2

NOTÁVEIS DESBRAVADORES

Durante o período da Revolução Constitucionalista de 1932, Cairbar de Souza Schutel escreveu *Vida e Atos dos Apóstolos* (Ed. Casa Editora O Clarim), obra que comenta o livro bíblico "Atos dos Apóstolos", de autoria do talentoso Lucas, o qual contém a história do Cristianismo, desde o retorno de Jesus à Pátria Espiritual até a chegada de Paulo de Tarso em Roma.

Este importante livro bíblico, comentado por Schutel, foi escrito pelo evangelista Lucas, em forma de carta, a seu amigo Teófilo, como havia feito na primeira narrativa sobre a trajetória de Jesus – o Evangelho – no qual os apóstolos detalharam "tudo o que é necessário fazer e ensinar". Ali, Lucas dá seu testemunho de que o Cristo, após a morte, apresentou-se durante "quarenta dias" aos Seus discípulos.

Intensa foi a atividade dos apóstolos, logo

após a morte de Jesus, atividade que suscitava longas romarias para Jerusalém e fazia com que a fama deles se espalhasse rapidamente. Embora as autoridades do Templo os prendessem, Bons Espíritos os retiravam do cárcere, ordenando-lhes que voltassem lá a fim de pregar, corajosamente! "Importa antes obedecer a Deus que aos homens" – afirmavam. Quanta bravura, quanta ação do Plano Espiritual, fortalecendo a fé desses primeiros seareiros! É emocionante pensar na atuação da Espiritualidade Maior, sempre provendo recursos àqueles que se empenham no bem!

Episódio marcante dos "Atos" é a conversão de Saulo. Nascido em Tarso, na Cilícia, pertencia a uma família de judeus farisaicos. Educado em Jerusalém por Gamaliel, ali aprendeu o ofício de tecelão. Sua conversão na entrada de Damasco é um fato histórico memorável.

Saulo, que passou a se chamar Paulo, pregava o Evangelho, porém as pessoas não acreditavam nele. Chegando a Jerusalém, tentou acercar-se dos apóstolos, mas também o temiam, sendo necessária a providencial interferência de outro desbravador:

Barnabé (Atos, 9:26-27). Imperioso dedicarmos algumas linhas a esse notável trabalhador da Boa Nova.

Barnabé era chamado de "homem bom, cheio do Espírito Santo e de fé" (Atos, 11:24). Sua aparição ocorre em Atos, 4:36-37, quando ele vende seus bens e deposita esses recursos advindos aos pés dos apóstolos, como meio de compartilhar com os necessitados.

Será por iniciativa dele, também, que o jovem João Marcos receberá uma segunda chance (Atos, 15:36-41). Barnabé ofereceu-se para ser companheiro e tutor de João Marcos, contra a vontade de Paulo, já que o jovem havia desistido de uma viagem e voltado a Jerusalém. Paulo não o considerara apto para o ministério, mas Barnabé deu-lhe outra oportunidade e, alguns anos mais tarde, o próprio Paulo, numa carta, refere-se a João Marcos como um cooperador dele na prisão (Colossenses, 4:10-11).

Barnabé foi um cristão consciente. Soube diminuir-se em favor da causa, preferindo ir buscar Paulo porque lhe parecia mais contundente, mais hábil perante os Gentios (Atos, 11:25-26). Não lhe importava ser ofuscado pelo brilho do Apóstolo da Gentilidade – seu senso de humildade falava que era necessário deixar a obra prevalecer, e não seu nome passageiro. Soube reconhecer que precisava de ajuda e também ficar em segundo plano. Que senso admirável e inspirador para os dias que vivemos!

Como são grandes aqueles que sabem se "apequenar" para que a obra do Evangelho cresça!

É bem verdade que Jesus precisaria de Paulo para levar adiante Sua mensagem, perante povos e reis, mas, sem Barnabé, essa obra poderia ter sofrido profundamente.

Não há motivos para esmorecermos em nossas lutas junto ao Evangelho e, para tanto, não nos pode faltar esse espírito de renúncia e testemunho.

É preciso lembrar que a tarefa daqueles homens nunca "deslizou num mar de rosas", conta-nos Schutel. Eram sucessivos sacrifícios e ódios a enfrentar, mas o fato de espalharem o bem desinteressadamente, fugindo de honrarias e conquistas monetárias, granjeava-lhes o apoio da Espiritualidade, que os assessorava constantemente.

Seus atos de amor e sabedoria, sua tolerância para com os ignorantes, sua humildade, sua renúncia e sua compaixão para com os infelizes, além de uma fé firme e inabalável na continuidade da vida, pondo absolutamente de lado todos os interesses materiais, serve de grande inspiração para os cristãos hoje.

"O trabalho desses desbravadores foi o de ensinar, de instruir, de iluminar os homens, levando-os das trevas à luz, da materialidade à espiritualidade, a buscarem a Verdade, ao conhecimento de seus destinos imortais, enfim, a novas terras e novos céus, onde a felicidade está reservada aos que procuram as leis de Deus, a fim de colocá-las em prática", finaliza Cairbar Schutel.

O Mestre não poderia ter edificado o Cristianismo nascente sobre melhor alicerce que este, e imitar o exemplo desses desbravadores é atitude que revela esforço coerente para conquista de maturidade espiritual.

É necessário revivermos esse espírito apostólico em nossos dias. Aqueles desbravadores se fizeram notáveis por muito renunciarem, granjeando, assim, o apoio da espiritualidade. E com esse apoio conseguiram realizar muito.

Quando entendermos essa dinâmica do relacionamento entre os dois "planos da vida", nossa atuação na seara cristã certamente se tornará melhor. Não existem mistérios, não existem atalhos para se conquistar essa assistência. Apenas trabalho sério, por meio do qual os frutos surgem à medida que se intensifica nosso devotamento à causa do Bem.

CAPÍTULO 3

O SENHOR DOS SERMÕES

Pela mediunidade do senhor Leymarie, conforme consta na *Revista Espírita* de Outubro de 1862, em mensagem intitulada "Estilo das Boas Comunicações", afirmou o irmão espiritual Barbaret que a verdadeira superioridade de um ensino repousa sobre o "estilo conciso, claro e inteligível sem esforço de imaginação" e que a importância não é dada "por sua extensão, mas pela soma de ideias que encerram em pequeno espaço".

Assim é o Sermão do Monte, um dos mais belos discursos do Cristo, verdadeira poesia espiritual de inigualável qualidade, que encanta há séculos.

O evangelista Marcos é modesto nas referências a ele, mencionando os ensinos do "sal da Terra" e da "luz do mundo". Lucas possui citações esparsas nos capítulos sexto, décimo primeiro, décimo segundo e décimo quarto do seu livro. Já o evangelho de Mateus é o mais didático para estudo deste sermão, porque dedica três capítulos em sequência: do quinto ao sétimo.

O acento tônico desses ensinos parece estar na orientação aos discípulos para que "excedam" a "justiça" dos escribas e fariseus. Sem isso, não se tem acesso ao chamado "Reino dos Céus".

A prédica, segundo Mateus, começa com a expressão "bem-aventurados", comum também nos Salmos. As chamadas "bem-aventuranças" são trabalhadas pelo Codificador Allan Kardec em *O Evangelho Segundo o Espiritismo*, dando título aos capítulos quinto e do sétimo ao décimo. Enaltecem qualidades morais imprescindíveis à conquista da paz íntima, como humildade, resignação, mansidão, misericórdia, pureza de coração, paciência e renúncia por amor às leis espirituais.

Amélia Rodrigues, em mensagem psicografada por Divaldo Pereira Franco, na noite de 28 de janeiro de 2014, em Jerusalém, Israel, expressou que "as bem-aventuranças tornaram-se o hino internacional de beleza e de misericórdia" que "espraiou-se pelo mundo e tomou conta das mentes e dos corações simples em espírito, dos mansos e pacíficos, dos

esfaimados e sedentos de paz e justiça, dos miseri-
cordiosos, dos perseguidos e de todos aqueles que
não encontram lugar no mundo, anelando pela libertação através da plenitude".

Na sequência de Sua pregação, faz o Mestre
duas comparações notáveis, situando os discípulos
da Boa Nova como "sal da terra" e "luz do mundo",
conclamando Seus seguidores a estarem no mundo
para preservá-lo da corrupção (alegoria ao sal) e a
buscarem a exemplificação em tudo o que fizerem.

Sim, é preciso destacar que o cerne do discurso
está no esforço do cristão em exceder, em muito, a
"justiça dos escribas e fariseus", religiosos influen-
tes na época.

E o Cristo se explica, propondo contrapartidas
aos antigos mandamentos da Lei:

a) Mais do que "não matar", é preciso se prevenir da cólera contra o outro, entrando em
acordo o mais rápido possível com os adversários;

b) Além do "não adulterarás", o "olhar com intenção impura" é atitude comprometedora;

c) Acima do "não jurar falso", coloca como indispensável evitar-se qualquer tipo de julgamento, priorizando que sejam as palavras sim, sim e não, não.

Para concluir as rupturas às velhas ordenanças, contrapõe, à vingança do "olho por olho, dente por dente", o "oferecer a outra face", e, ao "odiar o inimigo", o "amá-lo", orando mesmo por aqueles de quem se sofre perseguição e calúnia.

Vem, em seguida, severa exortação a respeito de três práticas religiosas comuns da época: a esmola, a oração e o jejum. Em todas elas, o Mestre enfatiza a necessidade imperiosa de "fazer em segredo", contra os hábitos vigentes da ostentação e do reconhecimento das pessoas.

Procurando prevenir a humanidade contra os perigos das ilusões da matéria, adverte também quanto à ansiosa solicitude pela vida, tocando nas preocupações mais comuns do ser humano: o comer, o beber e o vestir, demonstrando ser impossível conciliar o amor a Deus com o excessivo apego às coisas materiais.

Em todo o momento, o discurso do Cristo perpassa a necessidade da pureza de sentimentos e intenções, em oposição à hipocrisia, ilustrando com a imagem do "travessão dentro do olho".

Sua fala convida, ainda, à prática da oração sincera, colocando o Pai Celestial como aquele que sabe prover como ninguém o indispensável às necessidades dos Seus filhos, pois é superior, em muito, ao melhor e mais cauteloso dos pais terrenos, que, mesmo sendo imperfeitos, sabem dar boas coisas aos filhos. E, a partir do capítulo sexto, versículo nove, lê-se a incomparável Oração Dominical, assim chamada por ser a oração do Senhor (*dominus*, em latim).

Quase ao término de Sua fala, o meigo Rabi preconiza a vigilância contra os "falsos profetas", apresentando singular maneira de se prevenir contra eles: "Não pode a árvore boa produzir frutos maus, nem árvore má produzir frutos bons".

E, para encerrar, lembra que seguir Suas divinas orientações exige o "entrar pela porta estreita" e o "edificar a casa sobre a rocha". Duas imagens fortes e impactantes, com as quais o Amigo Celeste faz Sua exortação final às almas que, naqueles dias singulares, tiveram a ventura de ouvir, da Sua boca, o roteiro mais seguro para a renovação gradativa do espírito imortal.

Vivenciar o sermão do monte é entender que todo conhecimento superior traduz-se em responsabilidade; é carregar no peito um coração sintonizado com a retidão de caráter, a humildade sincera e a caridade sempre disposta a agir, onde e como estiver.

CAPÍTULO 4

A PARÁBOLA JURÍDICA

O Cristo frequentemente empregava parábolas – narrativas contendo preceitos de moral – com a finalidade de transmitir ensinamentos espirituais.

Lemos no texto evangélico que "sem parábola não lhes ensinava. Em particular, porém, explicava tudo para os próprios discípulos" (Marcos, 4:34).

Para o teólogo alemão Joachim Jeremias (1900-1979), qualquer um que se ocupa com as parábolas de Jesus, assim como os três primeiros Evangelhos as transmitem, pode ter a certeza de que se apoia em base histórica bastante firme. Elas constituem uma peça da rocha primitiva da tradição (*As parábolas de Jesus*, Ed. Paulus, cap. 1).

Explica-nos Cairbar Schutel, em *Parábolas e Ensinos de Jesus* (Ed. Casa Editora O Clarim), 1ª parte, cap. 1, que o emprego contínuo, que Jesus fez das parábolas durante Seu ministério, tinha por fim esclarecer melhor Seus ensinos, mediante comparações do que pretendia dizer com o que ocorre na vida comum e com os interesses terrenos. Por meio de figuras e quadros das ocorrências cotidianas, Ele facilitava mais aos Seus discípulos, pelo método comparativo, a compreensão das coisas espirituais.

Podia ocorrer que aqueles que O ouviam não tivessem o entendimento imediato dessas histórias. Ou porque faltasse capacidade de entendimento, ou porque seus interesses estavam mais voltados à satisfação de caprichos materiais, específicos da existência terrena.

Cautelosamente, no entanto, o Mestre cuidava de expor o significado espiritual libertador das Suas parábolas, instruindo os Seus discípulos "em particular".

Dessa maneira, ensinava os futuros pregadores da Boa Nova com as verdades imperecíveis acerca das Leis Divinas, preparando-os para a divulgação que se seguiria, após Seu retorno à Pátria Espiritual.

Dentro desse universo incrível das parábolas, uma de suas formas de expressão mais marcantes era conhecida como "parábola jurídica".

As parábolas jurídicas são aquelas que "evocam a autocondenação no ouvinte", que "é forçado a julgar as circunstâncias da parábola para, depois da queda das escamas dos seus próprios olhos, perceber que ele julgou a si mesmo", esclarece Klyne Snodgrass, professor norte-americano de Novo Testamento no Seminário Teológico North Park, de Chicago, na Introdução da obra *Compreendendo todas as parábolas de Jesus* (Ed. CPAD).

Jesus sabia construir ótimas parábolas jurídicas. Quando contou a Parábola dos Vinhateiros Homicidas (Mateus, 21:33-46; Marcos, 12:1-12; Lucas, 20:9-19), Sua forma de expressar foi tão clara, que os sumos sacerdotes e os fariseus entenderam imediatamente que a narrativa falava a respeito deles. Caíram as "escamas de seus olhos", e pretendiam prendê-Lo por isso (Mateus, 21:45-46).

Recorramos a outra dessas interessantes narrativas: a Parábola dos Dois Filhos na Vinha (Mateus, 21:28-32).

Um homem tinha dois filhos. Aproximando-se do primeiro, pediu-lhe que fosse trabalhar na sua vinha. O filho respondeu que não queria ir, mas, depois, arrependendo-se, foi.

Aproximando-se do outro filho, pediu a mesma coisa. Este segundo filho respondeu que ia, no entanto, preferiu cuidar dos seus interesses particulares e não foi.

Os príncipes dos sacerdotes e os fariseus entenderam perfeitamente que o segundo filho era a representação deles próprios. Tendo assumido a tarefa de guiar espiritualmente o povo, dela se evadiram. Enquanto isso, "pecadores" e pessoas tidas como de má vida, em quem pouca esperança se depositava, ante o contato com a Boa Nova, arrependiam-se e seguiam o bom caminho, "engajando-se na vinha".

Como são comprometedoras as promessas que não se concretizam, ficando no campo das palavras!

Há pessoas que nada prometem, que até evitam se dizerem religiosas, mas que, ao conhecê-las de perto, vemos que são mais cristãs que muitos cristãos "fervorosos".

O óbvio é que valemos mais pelas nossas realizações que por nossas promessas, não nos interessando, nem um pouco, as aparências.

Escreveu o Espírito Paulo, em *O Evangelho Segundo o Espiritismo*, cap. 10, item 15: "Deus não se contenta com as aparências; sonda o fundo dos corações e os mais secretos pensamentos, e não se satisfaz com palavras e simples fingimentos".

O saudoso Eliseu Rigonatti, na obra *O Evangelho dos Humildes* (Ed. Pensamento), capítulo 21, transporta isso para a reencarnação. Embarcamos na jornada reencarnatória deixando, no Plano Espiritual, corações sensibilizados com nossas promessas. Se elas serão bem cumpridas, só o tempo poderá dizer. Mas é oportuno refletirmos, com maturidade, sobre essa questão, a fim de evitarmos amargas decepções no futuro.

É preciso deixar cair as "escamas dos olhos", a fim de reconhecermos o quanto somos falíveis, o quanto estamos aquém do cristão genuíno, para que possamos, efetivamente, aproveitar as infindáveis oportunidades de viver os ensinos do Mestre, enquanto Ele carinhosamente se dispõe a nos convidar para "Sua vinha".

CAPÍTULO 5

O MAU RICO

Ainda no campo do recurso pedagógico das parábolas, com as quais Jesus encanta gerações de ouvintes e leitores do Evangelho, gostaríamos de chamar a atenção para mais uma dessas histórias, a Parábola do Mau Rico (Lucas, 16:19-31), que possui dois aspectos que a destacam das demais: ela dá nome aos personagens (Abraão e Lázaro) e fala da vida futura – a sobrevivência da alma.

Nosso primeiro cuidado deve ser o de buscar a função da parábola. E isso requer uma medida importante: compreender o contexto cultural do lugar e do tempo em que foi contada, conforme os Espíritos Superiores orientaram Allan Kardec, na questão 627 de *O Livro dos Espíritos*.

Nesta parábola, Jesus fala de um rico egoísta, que se vestia de púrpura e linho, e de um pobre mendigo que vivia à sua porta, chamado Lázaro, que queria se alimentar com o que caía da mesa do outro. Duas ótimas informações que, associadas ao conhecimento da cultura da época, permitem que se compreenda bem a função da narrativa.

A púrpura era um material caro. Segundo consta, era obtida a partir da glândula de um caracol marinho. Vestir-se com ela denunciava que seu dono era extremamente rico, portador de grande fortuna. Há outro detalhe: famílias mais favorecidas economicamente também tinham o hábito de usar pães para limpar pratos, mãos e talheres, atirando os restos debaixo da mesa. Provavelmente, era com essas sobras que Lázaro desejava se alimentar!

Essas informações sinalizam que estamos diante de um homem muito rico, e que atravessa desastrosamente uma das mais desafiadoras provas terrenas – a da riqueza.

Allan Kardec, exímio comentarista do Evangelho, soube identificar a função da parábola, e incluiu-a no capítulo 16 de *O Evangelho Segundo o Espiritismo*, intitulado "Servir a Deus e a Mamon".

Mamon significava riqueza. Jesus praticamente personificou essa expressão como um ídolo, dada a forma como muitas pessoas se submetiam (e se submetem) a ela.

De fato, a riqueza é prova mais arriscada que a miséria, devido às tentações que oferece, à fascinação que exerce. Segundo o Codificador, "é o laço que mais poderosamente liga o homem à Terra e desvia os seus pensamentos do Céu".

Agora, se ela é fonte para muitos males, não é a ela que se deve culpar, mas à conduta do ser humano, que dela abusa. Afinal, se a riqueza somente tivesse que produzir o mal, Deus, que é soberanamente justo e bom, jamais a teria colocado na Terra, a fim de servir de perdição aos Seus filhos.

A riqueza surgiu da necessidade do ser humano de produzir recursos e de satisfazer suas necessidades. Sem ela, não teríamos o que temos hoje, não haveria estímulos, pesquisas, atividades. Ela é, portanto, elemento indispensável ao progresso.

Porém, se apenas a empregarmos para nossa satisfação pessoal, nos comprometeremos gravemente, como o rico da parábola evangélica. Todavia, ao fazer com que nossos recursos resultem algum bem para aqueles que cruzam nosso caminho, não tenhamos dúvida de que o emprego estará sendo bom. E quanto maior o sacrifício a que nos impusermos para tanto, maior o mérito da ação.

Retornando à parábola, muitos pontos interessantes ressaltam do diálogo entre Abraão, outro personagem da narrativa, e o rico.

Atentemos para o pedido que este faz, temporariamente situado numa região espiritual inferior, após sua morte, e a resposta de Abraão:

"Pai Abraão, compadece-te de mim e manda cá Lázaro para que molhe em água a ponta do seu dedo, a fim de me refrescar a língua, pois sou atormentado nesta chama. E Abraão lhe respondeu: Filho, lembra-te de que recebeste os teus bens em tua vida, e de que Lázaro não teve senão males; por isso está ele agora consolado, e tu em tormentos. Além disso, entre nós e vós há um grande abismo, de maneira que os que querem passar daqui para vós não podem, nem os daí passar para cá."

A lei, segundo a qual a colheita é de acordo com a sementeira, está explícita na fala de Abraão: *"recebeste os teus bens em tua vida, e Lázaro não teve senão males; por isso está ele agora consolado, e tu em tormentos".*

Atentemos para este ponto da frase: *está ele **agora** consolado, e tu em tormentos*. A indicação é de uma situação presente, que pode ser modificada. Do contrário, teria Abraão que dizer: *estará ele **para sempre** consolado, e tu em tormentos*, sinalizando uma situação definitiva, sem chances de remissão para o rico.

Sobre a frase *"entre nós e vós há um grande abismo, de maneira que os que querem passar daqui para vós não podem, nem os daí passar para cá"*, representa a diferença vibratória entre os dois planos – um verdadeiro abismo.

Aqueles que se sentenciam, pelo mal uso do livre-arbítrio, a condições espirituais tão terríveis têm dificuldade de registrar o concurso de Espíritos mais elevados – sua baixa condição é um obstáculo. Daí a assertiva: *os que querem passar daqui para vós não podem*. Tampouco os que estão nessa condição inferior podem *"passar para lá"* de um salto – há de se respeitar o processo de crescimento, a ser conquistado em novas jornadas na matéria.

Em que pesem todas essas considerações, o que sobressai na narrativa, prezado leitor, é a justiça divina, sobre a qual falaremos um pouco mais adiante, justiça essa que, impecavelmente, concede a cada um de acordo com suas realizações.

Porém, é uma justiça feita de misericórdia, pois abre ao Espírito culpado a oportunidade de reparação de seu passado, até que ele vença o "abismo" que o separa daqueles que, por muito lutarem na carne, "conquistam" seu acesso aos mundos superiores.

CAPÍTULO 6

NA HORA DA ESCURIDÃO

Consta no texto de Mateus, capítulo 25, a narrativa que fala de dez virgens à espera de um noivo para um banquete, altas horas da noite. Cinco são prudentes, cinco não. As prudentes carregam um óleo que mantém acesas suas lâmpadas. Quando o noivo chega, elas são recompensadas. As demais, obrigadas a ir providenciar óleo para suas lâmpadas, porque havia acabado, são excluídas da cerimônia.

O casamento judaico era marcado por um ritual típico: um cortejo de donzelas, geralmente amigas da noiva, acompanhavam o noivo até a casa da futura esposa. Dali, retornavam à casa dele, onde festejavam durante dias, junto de amigos e familiares.

***

A mensagem da parábola é sugestiva, alertando para fazer da vigilância o nosso cotidiano e ter a capacidade de estocar "azeite" espiritual.

Trocando em miúdos: é preciso cultivar ações

JUNTO A JESUS

concretas no campo do bem. São elas que "abastecem" nossa fé, mantendo-a acesa em meio às tribulações da existência.

Notáveis comentários também foram feitos, a respeito do tema, por Cairbar Schutel, em quem sempre nos apoiamos quando o assunto envolve as parábolas do Mestre. No capítulo 18 da obra *Parábolas e Ensinos de Jesus* (Ed. Casa Editora O Clarim), aprendemos com ele que, assim como a instrução intelectual é indispensável na vida social, a instrução espiritual também o é.

Segundo o Bandeirante do Espiritismo, os que passam a vida ociosamente, dela sugando o que tem de bom a lhes oferecer, sem estudos, sem maiores esforços, sem trabalho, sem fazer provisão de conhecimentos que lhes aumente a fé, estão sujeitos a perderem a "entrada às bodas", quando se virem forçados, de um momento para o outro, a fazer "aquisição de óleo", que representa os conhecimentos que fazem combustão em nossa alma, acendendo em nosso coração a lâmpada sagrada da fé.

A fé **sem conhecimento** pode ser comparada a uma candeia mal provida que à meia noite não dá mais luz. Assim é a fé dogmática, misteriosa, abstrata: na provação, nas dores e no sofrimento, essa "metade de noite" por que todos passam, é semelhante a um pavio que não acende mais...

"A prudência manda ao homem que estude, pesquise, examine, raciocine e compreenda" – lembra Schutel.

Embora as virgens representem a incorruptibilidade, a isenção das corrupções do mundo, isso não é o bastante para aproximar-se de nosso modelo Jesus, o Cristo.

Não é bastante a virgindade espiritual; é preciso que ela seja ligada ao conhecimento, todo o conhecimento que nos foi trazido por Ele, do contrário, por que passar pela jornada da evolução?

"As regiões espirituais superiores não dão acesso a um misto de santidade e de ignorância, porque toda santidade deve ser cheia de sabedoria. Da sabedoria aliada à santidade é que vem a verdadeira fé" – lembra-nos o "Pai dos Pobres de Matão", que conclui: "Não basta dizer: Senhor! Senhor! Proferir preces é bom. Orar, também! Mas isso não abre portas para a felicidade. É preciso, primeiro que tudo, 'abastecer as lâmpadas e os vasos', porque o mandamento do Cristo não é só *amai-vos*, é também *instruí-vos*!"

Assim, as cinco virgens prudentes simbolizam os que leem, estudam, experimentam, investigam, raciocinam, procurando compreender a vida, trabalhando pelo próprio aperfeiçoamento.

É fundamental adquirir esse óleo, esse conhecimento, que pode nos guiar com segurança pelos caminhos da evolução, mantendo acesa a lâmpada da fé.

Bem nos advertiu o Espírito de Verdade, no item 5 do Capítulo 6 de *O Evangelho Segundo o Espiritismo*: "Homens fracos, que vos limitais às trevas da vossa inteligência, não afasteis a tocha que a clemência divina vos coloca nas mãos, para iluminar vossa rota e reconduzir-vos, crianças perdidas, ao regaço de vosso Pai".

Nunca é demais nos recordarmos também das palavras do Codificador, conforme se lê no item 7, capítulo 19 de *O Evangelho Segundo o Espiritismo*, para quem o dogma da fé cega é precisamente a causa do grande número de incrédulos, na atualidade.

Lembra-nos Kardec que "a fé raciocinada, que se apoia nos fatos e na lógica, não deixa nenhuma obscuridade: crê-se, porque se tem a certeza, e só se está certo quando compreendeu".

Grande parte de nossas dificuldades nesse campo está em não associarmos à fé esse conhecimento que a ilumina.

É "prudência" considerarmos que fé, sem razão, é como lâmpada sem óleo. Na hora do aperto, pode nos deixar "na escuridão"...

CAPÍTULO 7

A BÊNÇÃO DO RETORNO

A reencarnação não foi inventada pela Doutrina Espírita. Existe desde o início dos tempos. Com essa doutrina, porém, ela passou a ser demonstrada de um ponto de vista bastante racional e objetivo.

Várias passagens bíblicas, sobretudo nos Evangelhos, confirmam que essa lei natural fazia parte da crença do povo hebreu. O leitor interessado tem rico material sobre isso em *O Evangelho Segundo o Espiritismo*, Cap. 4, itens 5 a 11.

"O dogma da reencarnação", explica-nos Allan Kardec, "não é novo e foi retirado de Pitágoras".

É preciso destacar que uma ideia não atravessa as idades e não é aceita pelas inteligências mais adiantadas se não tiver um aspecto sério. "A antiguidade dessa doutrina, portanto, em vez de ser uma objeção, devia ser antes uma prova a seu favor" – complementa o Codificador, no Cap. 5, Livro II, de *O Livro dos Espíritos*, cujo conteúdo é indispensável para quem deseja se aprofundar no tema.

Filosoficamente, o dogma da reencarnação se impõe. Afinal, tentemos responder a estas questões, supondo que só tivéssemos uma única existência:

1. Por que a alma revela aptidões tão diversas e independentes das ideias adquiridas pela educação?

2. De onde vem a aptidão extranormal de algumas crianças de pouca idade para esta ou aquela ciência, enquanto outras permanecem inferiores ou medíocres por toda a vida?

3. De onde vêm, para certas crianças, os impulsos precoces de vícios ou virtudes, que contrastam com o meio em que nasceram?

4. Por que alguns homens, independentemente da educação, são mais adiantados que outros?

Ao se admitir, todavia, uma sucessão de existências corpóreas, anteriores e progressivas, tudo se explica.

Do mesmo modo, ao se projetar a questão para

o futuro, excluindo-se a reencarnação, inúmeras questões permanecem insolúveis. Por exemplo, para cada ser humano que se esclarece e que se ilumina perante Deus, há milhões que morrem cada dia, antes mesmo de a luz atingi-los. Serão condenados eternamente? Caso não, que fizeram para merecer o mesmo plano que os outros?

Escreveu o Codificador (*Instruções de Allan Kardec ao Movimento Espírita*. Organizado por Evandro Noleto Bezerra, Ed. FEB):

"O princípio mesmo da reencarnação, que inicialmente havia encontrado muitos contraditores, porque não era compreendido, é hoje aceito pela força da evidência e também porque todo homem que pensa nele o reconhece como a única solução possível para o maior número de problemas da filosofia moral e religiosa. Sem a reencarnação, somos detidos a cada passo, tudo é caos e confusão; com a reencarnação, tudo se esclarece, tudo se explica da maneira mais racional (...)."

A reencarnação é a possibilidade bendita de recomeçar, de reconstruir, de trabalhar pelo próprio reajustamento ante as leis soberanas da vida. Como asseverou André Luiz, no livro *Libertação* (Ed. FEB), capítulo 20, por Chico Xavier: "(...) O trabalho de reajustamento próprio é artigo de lei irrevogável, em todos os ângulos do Universo (...)".

Com a Doutrina Espírita, aprendemos também que o retorno do Espírito à vida física não deve ser encarado apenas como ação regenerativa (resgate de dívidas adquiridas no passado), mas como um processo delicado, e que envolve Espíritos devotados, concorrendo para o crescimento do Espírito imortal.

A esse respeito, remetemos o leitor ao ótimo Cap. 15 da obra *Vida Futura*, de Roque Jacintho (Ed. Luz no Lar). Consideramos oportuno reproduzir alguns dos pensamentos desse grande escritor. Observe a forma inspirada com que ele sintetiza o assunto, em apenas dois parágrafos:

"A reencarnação não é uma remessa compulsória da criatura a um centro de torturas infindáveis, com o propósito de que você sorva, até a última gota, o cálice de fel que levou, um dia, alguém a experimentar."

"Renascer – contrariamente a toda e qualquer

ideia de castigo – significa esquecimento do passado, com novas oportunidades organizadas para a sua recuperação espiritual e todo o seu patrimônio de cultura e de virtudes, transformado em impulsos e tendências inatas."

É válido destacar que a reencarnação constitui precioso mecanismo das leis naturais, que nos concedem a benção do retorno, não em bases de exclusiva condenação ou castigo, mas em termos de oportunidade de crescimento espiritual, que se dá a cada hora que passamos na Terra.

Pela pluralidade das existências corporais, estamos diante da Misericórdia Divina, que nos conclama a tomarmos as rédeas de nosso futuro, com infindáveis possibilidades de redesenhá-lo, de forma a realizarmos conquistas cada vez melhores, principalmente pela nossa aplicação no campo do bem.

Compreendendo isso, lembra Jacintho, é preciso saber "cristianizar" nossos olhos, nosso verbo e nosso entendimento. Pois "cada passo na direção de quem sofre" ilumina o próprio caminho por onde estamos "seguindo ao encontro da própria Vida".

CAPÍTULO 8

UNIÃO DE POVOS E RELIGIÕES

Estando com os discípulos, em certa oportunidade, Jesus afirmou-se como "a porta das ovelhas" (João, 10:7), e que todo aquele que entra por essa "porta" acha pastagens e segurança.

Na sequência, considerou: "Tenho outras ovelhas que não são deste aprisco. É necessário que eu as conduza também. Elas ouvirão a minha voz, e haverá um só rebanho e um só pastor" (João, 10:16).

Suas palavras sinalizam que o Evangelho unificará a Humanidade; e a profecia do Divino Amigo começa a dar sinais já na atualidade.

Allan Kardec escreveu sobre estes sinais, em estudo sobre a aproximação e a união de povos e religiões, conforme se lê em *A Gênese – os milagres e as predições segundo o Espiritismo*, cap. 17, itens 31 e 32.

Entre os principais obstáculos relacionados por ele para essa união, porém, merecem ser destacados:

JUNTO A JESUS

a) As diferenças que existem entre as religiões;

b) O antagonismo entre os seus adeptos;

c) A obstinação em se crerem na posse exclusiva da verdade;

d) A ilusão de que a unidade se fará em proveito de um grupo;

e) A dificuldade do ser humano em fazer concessões em suas crenças.

Apesar de todas essas barreiras, o processo de unificação se dará, assim como se tende a fazer isso socialmente, politicamente e comercialmente, pelo rebaixamento das barreiras que separam os povos, pela assimilação de costumes, usos e linguagens, pela necessidade de estreitar laços de fraternidade entre os seres humanos, pelo desenvolvimento da razão, que verá a infantilidade dessas dissidências e pelo próprio progresso científico, que demolirá, nas religiões, o que for obra exclusivamente humana.

Sairão, portanto, na frente, as religiões que

desejarem se encontrar em um terreno neutro, comum a todas, e que souberem fazer concessões e sacrifícios pelo bem geral.

É de se prever que as iniciativas não virão das cúpulas, mas de "baixo para cima", isto é, de ações individuais, como já é possível de se verificar na atualidade.

Assinala, também, o Codificador, que a "imutabilidade" das religiões será o seu elemento destruidor, pois a sociedade caminha para a frente, impelida pelas Leis Divinas, sobretudo a Lei do Progresso, que o ser humano pode entravar algumas vezes, mas nunca deter (O Livro dos Espíritos, questão 781).

É por isso que a religião do futuro será a que melhor satisfizer a razão e as legítimas aspirações do coração e do Espírito, que não for desmentida pela Ciência e que, em lugar de se imobilizar, venha a seguir a humanidade em sua marcha progressiva.

Mais ainda, não poderá ser exclusiva nem intolerante e seu código moral deverá ser o mais puro, o mais racional, o mais em harmonia com as necessidades sociais, o mais próprio, enfim, para fundar sobre a Terra o reino do bem, pela prática da caridade e da fraternidade universais.

Encanta-nos o raciocínio, comprometido com a verdade, de nosso ilustre Codificador. Acompanhemos mais uma de suas belas falas. Esta última, muito comentada em nosso Movimento:

"O programa da Doutrina não será, pois, invariável senão sobre os princípios passados ao estado de verdades constatadas; para os outros, ela não os admitirá, como sempre o fez, senão a título de hipóteses, até a sua confirmação. Se lhe for demonstrado que ela está no erro sobre um ponto, ela se modificará sobre esse ponto" (*Obras Póstumas*, cap. Constituição do Espiritismo. Exposição de Motivos, item II – Dos Cismas, § 11º).

E, em outro momento, na Revista Espírita:

"O Espiritismo está longe de ter dito a última palavra quanto às suas consequências, mas é inabalável em sua base, porque essa base se assenta sobre os fatos" (Revista Espírita de fevereiro de 1865, artigo *Da Perpetuidade do Espiritismo*).

Considerando, novamente, a prevalência das

"iniciativas individuais", é válido recordar a afirmação do Espírito Humberto de Campos, no capítulo 8 do livro *Boa Nova* (Ed. FEB), psicografia de Chico Xavier, de que o Evangelho precisa florescer primeiro no coração das pessoas para, só depois, frutificar para as nações.

Façamos, portanto, a nossa parte, dentro da esfera de ação que o Senhor nos colocou e aguardemos, confiantes, a ação da Providência Divina. Não tardaremos a constatar que as ações de caridade e fraternidade individuais acabarão por sensibilizar e aproximar cada vez mais a imensa família humana, sob os acolhedores ensinos do Evangelho.

CAPÍTULO 9

FENÔMENOS ESPIRITUAIS NO EVANGELHO

Na história humana, as relações entre o mundo espiritual e o mundo material sempre existiram. Tais fenômenos são inerentes à vida e corroboram a nossa condição de Espíritos imortais, em experiência evolutiva temporária, na abençoada escola da carne.

A Primeira Revelação está repleta dessas ocorrências, envolvendo muitos dos líderes do povo hebreu.

No primeiro livro bíblico, veremos a luta de Jacó com um Espírito materializado (Gênesis, 32:24). Moisés ouve a voz de seres espirituais, atribuindo-as a Deus, no Monte Sinai, conforme o livro Êxodo (19:1-6). No livro do profeta Ezequiel, lê-se (3:14): "Então, o Espírito me levantou e me levou; eu fui amargurado na excitação do meu espírito, mas a mão do Senhor se fez muito forte sobre mim".

No entanto, de todos os seres humanos que

se viram de braços dados com o fenômeno do intercâmbio entre os dois planos da vida, nenhum se equiparou ao Cristo. Sua trajetória terrena é a consagração da imortalidade.

Mais do que isso, porém, merece destaque a forma como o Mestre santificou esse intercâmbio, colocando-o a serviço da iluminação espiritual daqueles com quem conviveu, fazendo-os voltar os olhos á Deus.

Notemos que o próprio Evangelho surgiu "do contato entre os dois mundos", conforme assinala Emmanuel, no capítulo 17 da obra *Seara dos Médiuns* (Ed. FEB), psicografada por Francisco C. Xavier.

O evangelista Lucas narra, por exemplo, o anúncio do nascimento de João Batista, feito por um mensageiro espiritual ao sacerdote Zacarias (Lucas, 1:13). Ao que consta, o mesmo mensageiro celeste saudaria mais tarde o coração sensível de Maria de Nazaré, anunciando-lhe a maternidade (Lucas, 1:31).

Nos textos atribuídos a Mateus (2:19-23), veremos José, pai de Jesus, ser advertido por instrutores espirituais, que o aconselharam a fugir para o Egito com o menino. O próprio nascimento do Mestre se dá sob manifestações espirituais de seres angélicos, uma "milícia celestial" que louvou a Deus: "Glória a Deus nas maiores alturas, e paz na Terra entre os homens, a quem Ele quer bem" (Lucas, 2:13-14).

Iniciada Sua vida pública, Jesus se viu incontáveis vezes às voltas com os habitantes do mundo invisível, intervindo nos fenômenos produzidos por perseguidores espirituais.

Anotou Allan Kardec (*A Gênese, os Milagres e as Predições segundo o Espiritismo*, cap. 15, item 35):

"Os obsidiados e os possessos pareciam ter sido muito numerosos na Judeia, ao tempo de Jesus, o que lhe dava ocasião de curar a muitos. Os maus Espíritos tinham, sem dúvida, invadido esse país e causado uma epidemia de possessões."

A ação do Mestre ao acalmar uma tempestade (Marcos, 4:35-41) também resultou de uma ordem direta dada por ele às inteligências invisíveis que atuavam na agitação do vento e do mar, conforme se lê em *O Livro dos Espíritos* (questão nº 539).

Tempos mais tarde, irá Jesus entrar em contato direto com "desencarnados ilustres", no alto do Monte Tabor, no célebre episódio da Sua transfiguração (Marcos, 9:1-8).

No Monte das Oliveiras, enquanto orava, assinalou a presença de seres espirituais que Lhe confortavam as horas angustiosas (Lucas, 22:43).

Depois de Sua morte, os fenômenos prosseguem, atestando ainda mais a realidade da vida futura.

O Mestre reaparece plenamente materializado na estrada de Emaús a dois discípulos e, mais tarde, aos onze, aos quais instrui para irem pregar o Evangelho a todo o mundo (Marcos, 16:12-15).

Em outra oportunidade, já no livro Atos dos Apóstolos (9:6), vemos a ação do Cristo, em Espírito, na convocação a Saulo de Tarso.

A diversidade de fenômenos espirituais presentes nos textos evangélicos não só corrobora aquilo que a Codificação iria confirmar mais tarde, explicando a força da atuação do plano espiritual sobre o plano material, como objetiva abrir os olhos do ser humano, a fim de que ele veja "além do fenômeno", isto é, que enxergue os princípios filosóficos e morais decorrentes.

Modernamente, o Espiritismo procura reviver os primitivos dias do Cristianismo nascente, trazendo de volta a consagração do intercâmbio mediúnico à propagação do bem e da verdade.

É preciso destacar: a importância do fenômeno mediúnico está na orientação moral que dele decorre, na explicação que demonstra a coerência das leis divinas, para libertar o ser humano das incertezas que o levam a sofrer, permitindo assim que caminhe na vida mais equilibrado e feliz.

Finalizamos recordando as sábias palavras do Codificador, na Conclusão de *O Livro dos Espíritos*, item 5, que confirmam a assertiva:

"O Espiritismo progrediu sobretudo depois que foi melhor compreendido na sua essência, depois que lhe perceberam o alcance, porque ele toca nas fibras mais sensíveis do homem; as da sua felicidade, mesmo neste mundo. Nisso está a causa da sua propagação, o segredo da força que o faz triunfar. Ele torna felizes os que o compreendem."

CAPÍTULO 10

PERANTE A CRIANÇA

O Cristo sempre teve um olhar acolhedor para a criança, embora o desprezo de que ela era vítima, na sociedade de então.

Em muitas oportunidades Ele a valorizou, como quando a tomou por emblema da pureza e da simplicidade, enquanto ensinava, ou quando repreendeu Seus discípulos, na conhecida advertência "Deixai vir **a mim** (grifo nosso) as criancinhas, porque o Reino dos Céus é para elas" (Mateus, 19:14).

Irresistível associarmos essa fala do Mestre com o dever que temos de aproximar nossos pequenos das lições libertadoras do Evangelho, interpretado com as luzes do Consolador Prometido.

A questão se torna ainda mais atual, dada a avalanche de informações às quais crianças e jovens são submetidos, numa sociedade flagrantemente materialista.

Sobre esse aspecto, chamam atenção os apontamentos do Espírito Joanna de Ângelis, na Introdução da obra *Constelação Familiar* (Ed. LEAL).

Pondera a mentora de Divaldo P. Franco que estamos vivendo a influência de um "materialismo existencialista", isto é, concentrando no corpo, na vida física (e nos prazeres que ela proporciona), os objetivos existenciais.

Acompanhemos uma de suas reflexões:

"Em assim sendo a realidade humana, a pressa pela fruição de todas as sensações possíveis apresenta-se na condição de meta que deve ser alcançada a qualquer preço, para não se perder a oportunidade de viver bem, quando o ideal seria bem viver".

Veja, elegida uma forma de vida que prioriza o materialismo, a meta passa a ser o fruir, o desfrutar. E como é forte essa palavra "desfrutar"! Remete a tirar do fruto! Quando o ideal seria valorizarmos o "semear".

Diante disso, que Joanna compara a um redemoinho, um turbilhão que gira "sorvendo tudo para o fundo", a família se torna um campo de lutas ásperas, entre os princípios do equilíbrio e os convites permanentes a fruir as facilidades, convites cada vez mais incisivos, de uma mídia extravagante e, muitas vezes, de aberrações.

Em meio a esse cenário preocupante, crianças se tornam objetos de exibição dos pais, preocupados em oferecer-lhes coisas materiais, o que potencializa seu egoísmo secular.

Não foi à toa que Jesus tratou com cuidado da vida infantil, ao pedir aos apóstolos: "Deixai que venham **a mim** as criancinhas".

Nos dias atuais, já se fala de uma "Síndrome do Imperador", para explicar a supervalorização dos filhos por parte de pais que não tiveram condições de compreender bem o papel da educação.

Motivados por uma visão distorcida e materialista, ao encararem a vida como "uma coisa desgastante", pela falta de compreensão do elemento espiritual, muitos pais anseiam por oferecer algo diferenciado aos filhos, acabando por criar pequenos "reizinhos", seres que crescem cercados de facilidades e mimos e que, em função disso, tornam-se potencialmente despreparados para os desafios existenciais.

Agindo assim, não percebemos que estamos "deformando" o caráter de nossos próprios filhos.

Essa também foi uma grande preocupação de Kardec. Dizia ele que a educação moral consiste "na arte de formar os caracteres, à que incute hábitos, porquanto a educação é o conjunto dos hábitos adquiridos" (O Livro dos Espíritos, questão 685).

As guerras, lembra Joanna de Ângelis, não são feitas pelas armas, porém, pelos homens que as idealizam, armados de paixões inferiores, competitivos, individualistas. Os políticos negociam os interesses em favor da guerra ou da paz de acordo com seus níveis emocionais, morais e espirituais – e aqui não tem como negar a influência da educação vinda do lar.

Prossegue a mentora de Divaldo, anotando que, nos agrupamentos animais, quando os filhos conseguem se virar por si, os pais os abandonam, quando não ocorre isso antes, em algumas espécies. Isso é o que diferencia a família humana dos animais: esses laços nunca se rompem. Potencializam-se, espiritualizam-se.

E se porventura ocorrem dificuldades no relacionamento, transfere-se o equilíbrio afetivo para outras reencarnações, porque é das Leis Divinas que somente através do amor o Espírito se plenifique. E o instituto doméstico é a melhor escola de treinamento desses valores. É ali que o Espírito aprende a adquirir a capacidade de amar e ser amado, alcançando a sociedade, que se lhe transforma na família universal.

"A paz do mundo depende da educação da infância" – conclui Joanna, no capítulo 10 de sua obra.

Educar é uma expressão da Lei de Amor.

Jesus era ciente disso, tanto que nos advertiu para não servirmos de obstáculo entre os pequenos e o Evangelho.

À medida que nos comprometemos com a educação moral, preparando nossas crianças e jovens para os dias de amanhã, instruindo-os dentro da vivência das Leis Divinas, sobretudo através do amor a Deus e ao próximo, contribuímos para uma verdadeira revolução a se operar em nossa sociedade, a começar pelos nossos redutos familiares.

Sobre isso, sintetizou com propriedade Pierre Teilhard de Chardin, padre, filósofo e paleontólogo francês: "Quando os seres humanos domarem as ondas, os ventos, as tempestades, os furacões, quem sabe não dominarão, também, as forças do amor? Então, pela segunda vez na história da humanidade, teremos inventado o fogo".

CAPÍTULO 11

PARA A LUZ BRILHAR

Um dos primeiros ensinamentos do Cristo, ao pronunciar o conhecido Sermão do Monte, foi para que o discípulo da Boa Nova fizesse "resplandecer a sua luz" diante dos homens, a fim de que estes vissem as suas "boas obras" e glorificassem o Pai Celestial (Mateus, 5:16).

Estavam diante de Jesus, naquele memorável dia de aprendizados, almas sedentas de alimento espiritual, aspirando pela harmonia íntima, o equilíbrio, a paz.

Fascinadas pelo verbo arrebatador do Mestre, Dele ouviram que cada criatura possui uma luz interna, embrionária, potencial, capaz de brilhar, de "resplandecer", o que pressupõe brilhar intensamente, a ponto de sobressair.

Não reconhecemos forma mais eloquente de fazer brilhar a própria luz que expressar o Evangelho através de atos genuínos de amor, em nosso dia a dia.

Allan Kardec elucidou isso de maneira grandiosa ao tecer suas considerações sobre o chamado "Homem de Bem", no item 3 do Capítulo 17 de *O Evangelho Segundo o Espiritismo* – Sede Perfeitos, uma das melhores maneiras de concretizar essa instrução de Jesus.

É preciso destacar que o Codificador não teve a pretensão de esgotar o assunto. Cauteloso, mencionou que a lista de qualidades ali descritas não enumera todas as virtudes que distinguem o ser humano de bem. Contudo, aquele que se esforça por consegui-las "está no caminho que conduz a todas as outras".

Emmanuel, ao comentar esse apelo do Cristo, conforme o capítulo 105 de *Fonte Viva* (Ed. FEB), psicografado por Francisco Cândido Xavier, recorda que, se a missão da luz, por um lado, é "clarear caminhos, varrer sombras e salvar vidas", por outro, tal missão só se desenvolve "à custa do combustível que lhe serve de base".

A chama de uma vela consome o seu pavio. Da mesma maneira, uma casa moderna, para funcionar, consome energia elétrica.

Desta forma, define o benfeitor espiritual, "cristão sem espírito de sacrifício é lâmpada morta no santuário do Evangelho".

Preciosas lições desse grande Espírito, orientador da obra de Chico Xavier, para quem a luz não argumenta, antes esclarece e socorre, ajuda e ilumina, não se detendo em conflitos e indagações sem proveito.

É importante nos perguntarmos: como estamos agindo no ambiente em que somos convocados a prestar concurso? Ajudamos e "iluminamos" aquele lugar, ainda que dentro de nossas forças e limites, ou perdemos tempo com discussões vazias e intermináveis?

Conservamos assiduidade e pontualidade nos dias em que nos candidatamos ao serviço voluntário, ou fazemos pesar, sobre os ombros de colegas, o embaraço produzido por ausências nem sempre justificáveis?

Estamos bem longe de fazer nossa luz brilhar, a ponto de "sobressair", como nos asseverou o Cristo, mas não podemos permitir, conscientemente, que essa luz pequenina, que "começa a acender", seja sufocada constantemente, a ponto de quase não suportar as sombras que ainda carregamos.

Ensinou também o Mestre: "[...] se os teus olhos forem bons, todo teu corpo terá luz [...]" (Mateus, 6:22).

Naquele contexto, referia-se Ele que os olhos iluminam o ser, de sorte que, se os olhos são bons, todo o corpo tem luz. Imperioso compreender que não se trata da visão meramente física. Reportava-se o Divino Amigo à maneira como "enxergamos a vida".

Um hábil cirurgião colhe frutos abençoados de seu trabalho, servindo-se de sua visão. Da mesma maneira, podemos imaginar a importância desse sentido físico para um piloto de avião conduzindo uma aeronave, um agricultor no cuidado com sua terra, etc.

Se há colheita de grandes resultados quando se tem um olho bom para as coisas materiais, como isso não se dará quando compreendermos a importância de um olhar bem direcionado para as coisas espirituais?

Em outra oportunidade, reportou-se Jesus à

necessidade de "olhar os lírios do campo e as aves do céu" (Mateus, 6:28).

Pretendia o Mestre enfatizar a importância de se ter um olhar mais atento, um olhar de admiração para as coisas divinas, posto que as preocupações meramente materiais nos fazem "cegos" para o fato de que Deus tudo provê, mesmo em meio a nossa profunda incredulidade.

Coloquemos a nossa vida a serviço daquele que a ilumina, a Luz do Mundo, o Cristo de Deus, que nunca deixa de projetar Sua claridade sobre nossos passos. Sejamos nós os que disputem a honra de sermos um foco de luz, ainda que pequenino, dentro da nossa esfera de ação.

Importa-nos sobremaneira a preocupação com a construção de nosso caráter.

Como diz belo provérbio chinês: "Dinheiro perdido, nada perdido; Saúde perdida, muito perdido; Caráter perdido, tudo perdido".

Que nos inspire a luz conquistada por Jesus, aquela que deslumbrou seus apóstolos no Monte Tabor e a Saulo de Tarso, em Damasco, na hora mais clara do dia!

CAPÍTULO 12

"VEDE JESUS"

A cada ano que passa, renova-se a nossa alegria de ver na Terra o Consolador Prometido, conforme o registro do Evangelho anotado por João, capítulo 14, versículo 16, esclarecendo consciências e levando a luz da verdade por todo o orbe.

A revelação dos Espíritos Superiores ampliou nossos conhecimentos, mas fez o mesmo (ou mais) com nossas responsabilidades.

Não podemos ser imaturos a ponto de achar que todo esse trabalho da Espiritualidade Maior, desde a Primeira Revelação até hoje, sirva apenas para nossas reflexões semanais nas comunidades que frequentamos, em nossos discursos ou estudos.

Recorrendo a *O Livro dos Espíritos*, aprendemos que nosso objetivo é o aprimoramento espiritual – evoluir sempre – até não sofrermos mais qualquer influência da matéria, adquirindo superioridade intelectual e moral absolutas, em relação aos demais Espíritos "das outras ordens" (questão 112).

Conforme comentou o Codificador Allan Kardec, após a resposta dos Espíritos Superiores à questão número 605 dessa obra básica, o Espírito, ao se purificar, liberta-se pouco a pouco da influência da matéria. Sob essa influência, ele se aproxima dos brutos; liberto dela, eleva-se ao seu "verdadeiro destino".

Encurtando o assunto, evoluir pressupõe se espiritualizar!

E haveria um modelo ideal para nos ajudar, para nos servir de inspiração?

Vinte questões após essa última, temos a resposta, que é uma das mais curtas da Codificação: "Vede Jesus" (questão 625).

Para as entidades venerandas que responderam a essa pergunta do Codificador, Deus nos "ofereceu" Jesus como o mais perfeito modelo, e a doutrina que Ele ensinou é a mais pura expressão das Leis Divinas. O Mestre estava animado do espírito divino e foi o ser mais puro que apareceu na Terra.

A grave questão é: como temos aproveitado essa generosa "oferta"?

A julgar pela assertiva do benfeitor espiritual Emmanuel, talvez estejamos um pouco aquém dela.

No prefácio do livro *Paulo e Estêvão* (Ed. FEB), psicografado por Francisco Cândido Xavier, o abnegado instrutor fala das "igrejas amornecidas da atualidade" e dos "falsos desejos dos crentes".

Acompanhemos um belo parágrafo, bem ao estilo "emmanuelino":

"Em toda parte, há tendências à ociosidade do Espírito e manifestações de menor esforço. Muitos discípulos disputam as prerrogativas de Estado, enquanto outros, distanciados voluntariamente do trabalho justo, suplicam a proteção sobrenatural do Céu."

E ainda: "Templos e devotos entregam-se, **gostosamente** (grifo nosso), às situações acomodatícias, preferindo as dominações e regalos de ordem material".

Dois pontos chamam muito a nossa atenção nessa fala do orientador espiritual: as disputas pelas "prerrogativas de Estado" e o distanciamento "do trabalho justo".

Há séculos, temos maculado as coisas sagradas do Espírito, confundindo-as com as prerrogativas de "César". Sobre isso, o Cristo foi bastante incisivo em Suas prédicas (Mateus, 22:21).

O Espírito André Luiz, no ótimo *Conduta Espírita* (Ed. FEB), psicografia de Waldo Vieira, capítulo 10, argumenta que a criatura necessita colocar-se de forma clara e definida nas aspirações sociais e nos ideais espíritas cristãos, "sem confundir os interesses de César com os deveres para com o Senhor".

O outro ponto que nos chamou a atenção foi o "distanciamento" do cristão dos trabalhos justos que a seara oferece.

A Casa Espírita, com todas as benesses que ela proporciona ao seu frequentador, em termos de oportunidade de servir, não sofre tantos prejuízos com os que não abraçam suas tarefas, quanto sofrem estes pelo desleixo com as santas oportunidades que ela faculta.

Colocando a questão de outro modo: é o Evangelho que precisa do discípulo, ou é o discípulo quem mais precisa do Evangelho?

Delicada qualquer postura de acomodação, prezado leitor. Principalmente à medida que nos conscientizamos do nosso "verdadeiro destino".

A resposta dos Espíritos Superiores na Codificação ("Vede Jesus") é cristalina. É imperioso "fecharmos o foco" Nele, na imitação dos Seus exemplos, na vivência dos Seus ensinos incomparáveis.

É complexo, difícil e exige bastante de cada um de nós vivenciar os postulados espíritas. Mas raciocinemos com frieza; não será pior viver longe de tudo isso?

Arriscaríamos dizer um pouco mais: não só precisamos viver ardentemente a fé em nossas agremiações religiosas, como (e principalmente) devemos transportar os conceitos ali aprendidos, com alegria, na nossa vida de relação, entre os nossos familiares e companheiros de lutas, diante daqueles que cruzam a nossa vida e em qualquer ambiente onde sejamos chamados a agir.

Como ponderou com muita propriedade o já

citado Emmanuel, no prefácio de *Caminho, Verdade e Vida* (Ed. FEB), psicografado por Francisco Cândido Xavier: por louvar Jesus nas igrejas e menoscabá-lo nas ruas é que temos naufragado mil vezes, por nossa própria culpa. "Todos os lugares, portanto, podem ser consagrados ao serviço divino".

Atente, prezado leitor, que não se sugere uma posição de fanatismo. Isso aqui está mais para aquela imagem do sal, também empregada pelo Mestre (Mateus, 5:13), quando ensina que, para ser apropriado, precisa temperar na medida certa, nem mais, nem menos. E, claro, sair do repouso do "saleiro"!

CAPÍTULO 13

A PEDRADA

É inesquecível a passagem evangélica em que Jesus chamou a atenção de alguns acusadores da vida alheia (João, 8:1-11), indivíduos sempre dispostos ao julgamento doentio, aquele que não considera os direitos mínimos da outra parte.

Felizmente, naquele dia memorável, a "vítima" não sofreu o apedrejamento previsto na Lei Mosaica. A presença do Mestre bastou para produzir um ligeiro "choque de consciência" naquelas mentes invigilantes.

Importa-nos muito refletir sobre as "pedras" que atiramos aos outros. Mais especificamente, aquelas originadas da nossa irreflexão, da nossa imaturidade espiritual, a se expressarem através da nossa ligeireza em acusar nossos irmãos, sem o exame mais atento das situações envolvidas.

Um precioso texto sobre o assunto, nascido das reflexões de André Luiz, consta do capítulo 12 do livro *Passos da Vida* (Ed. IDE Editora), recebido mediunicamente por Francisco Cândido Xavier.

Julgamos oportuno recordar algumas daquelas dez sugestões, uma espécie de decálogo contra o vício da acusação indevida, tão útil ontem como hoje.

Primeira sugestão: "colocar-se no lugar da pessoa acusada, pesquisando no íntimo quais seriam as nossas reações nas mesmas circunstâncias".

É a lição de uma virtude essencial: a empatia.

"A empatia é um estado de identificação mais profundo da personalidade, a tal ponto em que uma pessoa se sinta 'dentro da outra' personalidade. É nessa identificação que o verdadeiro entendimento entre as pessoas pode ocorrer" – explica Suely Caldas Schubert, no capítulo 7 de *Atendimento Fraterno* (Ed. LEAL), livro da série Projeto Manoel Philomeno de Miranda.

O exercício de se colocar no lugar da outra pessoa é um poderoso aliado para a capacidade de avaliar ou compreender, adequadamente, o comportamento que o outro está tomando, em determinadas situações.

Outra sugestão de André Luiz: "recorrer à memória e lembrar, com sinceridade, se já conseguimos vencer qualquer grande crise moral da existência sem o auxílio de alguém".

É altamente recomendável recorrermos às nossas lembranças. Certamente, num passado não muito distante e durante uma situação complexa, fomos amparados por corações generosos que, em vez de nos examinarem com olhar crítico e severo, agiram com compaixão, auxiliando.

Se não tivemos esse auxílio de irmãos encarnados, certamente não faltou a cooperação de entes queridos do Plano Espiritual, notadamente de nosso Espírito Protetor.

E como essa ajuda foi fundamental! Permitiu que erguêssemos a cabeça e seguíssemos em frente, tentando nos reconstruir e recomeçar.

Por fim, gostaríamos de chamar a atenção para duas derradeiras dicas de André Luiz, nesse livro:

– "examinar até que ponto a criatura acusada terá agido exclusivamente por si ou sob controle de obsessores, sejam eles encarnados ou desencarnados, com interesse na perturbação do ambiente em que vivemos";

– "orar pelos nossos irmãos menos felizes e por nós mesmos, antes de criticar-lhes quaisquer manifestações".

Mais dois sábios conselhos, não é mesmo?

Aprendemos com a Doutrina Espírita que os Espíritos influem sobre nossos pensamentos e nossas ações mais do que supomos (*O Livro dos Espíritos*, questão 459).

Por essas e outras, nunca é demais pensar duas vezes antes de desferir nossas críticas contra aqueles cujas histórias chegam ao nosso conhecimento. Há uma quantidade enorme de benefícios a colher quando se "segura a pedrada".

Outra importante orientação nos vem da Espiritualidade, conforme consta em *O Evangelho Segundo o Espiritismo*, Cap. 10, item 16: Que dedução se tira da censura que fazemos a outrem? A de que não praticamos aquilo que censuramos e, portanto, que valemos mais do que o outro! Oh! Trágica conclusão!

Esta instrução, intitulada *A Indulgência*, foi

ditada em 1863, em Bordeaux, pelo Espírito protetor José e é uma das mais belas desse capítulo.

Segundo o venerando instrutor, "a indulgência não vê os defeitos alheios e, se os vê, evita comentá-los e divulgá-los. Oculta-os, pelo contrário, evitando que se propaguem, e se a malevolência os descobre, tem sempre uma desculpa à mão para os disfarçar, mas uma desculpa plausível, séria, e não daquelas que, fingindo atenuar a falta, a faz ressaltar com pérfida astúcia".

Se tivéssemos plena convicção dos mecanismos delicados da Lei de Causa e Efeito, praticaríamos mais a indulgência, cientes de que recebemos da vida o que damos a ela. Não teríamos que experimentar tantas "pedradas" para reconhecer quanto isso dói, e nosso sofrimento certamente seria menor...

CAPÍTULO 14

UM APELO DE KARDEC

Passados cerca de dez anos do lançamento de *O Livro dos Espíritos*, importantes conquistas estavam sendo contabilizadas pelos espíritas.

O ano de 1867 viu surgirem livros de indivíduos respeitados, que contribuíam não só para popularizar os ideais espiritistas, como para defendê-los peremptoriamente dos ataques de adversários.

E, apesar da dissolução de certas sociedades ou grupos espíritas, como fruto de intrigas e imperfeições próprias da natureza humana, simultaneamente crescia o número de reuniões particulares, muitas delas com potencial para formar futuros núcleos de divulgação e prática do ideal espírita-cristão.

Ora, se consideramos árduas as lutas para manutenção das atividades espíritas em nossos núcleos doutrinários, como não deveriam ser naqueles recuados tempos, quando ainda nascia no mundo a Terceira Revelação?

Com plena consciência do tamanho da obra, escreveria Kardec, na edição de janeiro de 1868 da *Revista Espírita*, que, para o Espiritismo triunfar dessas lutas, necessário se fazia o concurso natural do tempo.

Julgamos oportuno resgatar um apelo do Codificador, extraído das páginas dessa publicação memorável: "Que cada espírita trabalhe de seu lado sem desanimar com a pouca importância do resultado obtido individualmente, e pense que à força de acumular grãos de areia se forma uma montanha".

Belo pensamento do querido mestre lionês!

Sentimo-nos impelidos a recordar a grande lição de Jesus: "(...) se tiverdes fé como um grão de mostarda, direis a este monte: **Passa daqui para acolá** (grifo nosso), e há de passar; e nada vos será impossível" (Mateus, 17:20).

Aqui, vem-nos à mente a eloquente instrução do benfeitor espiritual Emmanuel, por Francisco Cândido Xavier, conforme consta no capítulo 61 da obra *Livro da Esperança* (Ed. CEC).

Lembra-nos ele de que, no passado distante,

quando os homens resolveram conhecer o que havia para além dos mares enormes, com o auxílio e a inspiração de Deus, lançaram-se à construção de navios.

Quando precisaram alcançar mais largo movimento, sob inspiração divina, fabricaram veículos a motor.

E assim foi com as máquinas, que vieram descansar-lhes a mente e as mãos, com as comunicações sem fio, com os avanços na área da Educação, da Medicina, etc.

"Desse modo – elucida Emmanuel –, com o auxílio de Deus, será possível transformar o mundo em radioso paraíso, a começar de nós mesmos, no entanto, isso apenas acontecerá **se nós quisermos** (grifo nosso)".

Há alguns anos, tomamos conhecimento de um fato emocionante, bem ao sabor dessas instruções elevadas.

Um sacerdote viu o número de fiéis de sua comunidade diminuir, à medida que o bairro onde ficava a igreja foi se industrializando.

Recordando-se da instrução de Jesus, de que era possível "transportar a montanha" de lugar, resolveu agir e fazer o mesmo com o pequeno prédio daquela comunidade.

É claro, não ficou apenas orando e pedindo. Começou, sozinho, a desmontar o imóvel, transportando os materiais dali para um bairro vizinho. Aos poucos, sua fé cativou muitos fiéis, que passaram a auxiliá-lo e, em tempo menor que o previsto, a igrejinha havia se instalado em outro bairro – tudo pela força da fé!

Assim pensava o Codificador, e assim trabalhava: "à força de acumular grãos de areia se forma uma montanha"!

✳✳✳

Em paralelo, naquele mesmo ano de 1867, registraram-se inúmeras curas de pessoas enfermas, fatos que atraíram a atenção, já que eram produzidos por muitos indivíduos, o que fazia cair por terra o aspecto "miraculoso" do fenômeno.

Entretanto, explicava Kardec, tais fenômenos materiais não tinham tanta força para divulgação da doutrina como as ideias filosóficas deles decorrentes.

É que os fatos, para serem aceitos, demandam estudos e longas observações que muitos não querem se dar ao trabalho de fazer, ao passo que as ideias filosóficas fundamentais já estão latentes em cada um. Basta que sejam despertadas!

Muito há que ser feito ainda para atingir os nobres e elevados objetivos que a Espiritualidade Maior tem traçado, a fim de elevar a Terra na hierarquia dos mundos.

Nós, espíritas, estamos muito longe de uma posição confortável nesse campo, uma vez que o Espiritismo toca em questões da maior gravidade, já que a sua causa, como assinalava o Codificador, é a da Humanidade e do progresso.

Desejamos concluir este capítulo, fazendo nossas as palavras de estímulo de Kardec, naquele apelo vigoroso de janeiro de 1868:

"É o caso de concluir que (...) de agora em diante, as coisas vão avançar sem embaraços? Guardemo-nos de acreditar nisso e de dormir numa enganadora segurança. O futuro do Espiritismo, sem contradita, está assegurado, e seria preciso ser cego para duvidar disto, mas os seus piores dias não passaram. Ele ainda não recebeu o batismo que consagra todas as grandes ideias. Os Espíritos são unânimes em nos prevenir contra uma luta inevitável, mas necessária, a fim de provar a sua invulnerabilidade e a sua força; ele sairá dela maior e mais forte; somente então conquistará seu lugar no mundo, porque os que quiseram derrubá-lo terão preparado o seu triunfo. Que os espíritas sinceros e devotados se fortaleçam pela união e se confundam numa santa comunhão de pensamentos. Lembremo-nos da parábola das dez virgens e velemos para não sermos apanhados desprevenidos."

CAPÍTULO 15

DEVOTAMENTO E ABNEGAÇÃO

A instrução que fecha o capítulo 6 de *O Evangelho Segundo o Espiritismo*, assinada pelo Espírito de Verdade, foi por ele ditada em Havre, no ano de 1861.

Curta, a mensagem não passa de um singelo parágrafo. Todavia, quão grande é a sua profundidade espiritual!

Destacamos dela a seguinte frase: *"O devotamento e a abnegação são uma prece contínua e encerram profundo ensinamento: a sabedoria humana reside nessas duas palavras"*.

Podemos entender devotamento como o ato de devotar-se, de fazer voto de dedicação, afeiçoando-se a algo. E abnegação como uma renúncia, um desprendimento, uma dedicação extrema.

Observemos que há uma palavra comum a essas duas virtudes, reportadas pelo Espírito de Verdade como a síntese da sabedoria humana: a dedicação.

Dedicar-se é consagrar-se solenemente a algo.

No campo da fé, a pessoa que reúne essas qualidades é aquela que sabe sacrificar, voluntariamente, seus próprios desejos em nome de algo maior, beneficiando assim pessoas ou uma causa.

É preciso frisar que há devotamento por causas infelizes, que descambam no fanatismo e em iniciativas que promovem mais separação que união. A dedicação a que nos referimos, evidentemente, é a que produz frutos no campo do bem.

É nesse sentido que o Espírito de Verdade se referiu ao devotamento e à abnegação, sugerindo tomemos essas palavras por divisa, uma espécie de ideal.

Segundo ele, tais virtudes nos tornam fortes e, ao resumirem os deveres que a caridade e a humildade nos impõem, propiciam a resignação e a sensação de paz que nascem do sentimento de dever cumprido.

"O coração bate melhor, a alma se acalma e o corpo não mais fraqueja, pois mais ele sofre quanto mais profundamente é atingido o Espírito" – arremata ele em sua eloquente instrução.

Recordemos que o Cristo não veio colocar "remendo novo em roupa velha" (Marcos, 2:21). Remendar é corrigir o que está externo, e a correção ideal é a que brota do íntimo de cada ser.

Neste aspecto, o devotamento e a abnegação agem fomentando essa corrigenda, à medida que nos dedicamos ao cultivo das coisas espirituais.

É uma caminhada que vai na contramão de uma tendência cada vez mais atual – a de considerar "que vantagem eu levo nisso?".

Em estudo proposto no capítulo 12 da Parte Terceira de *O Livro dos Espíritos*, o Codificador Allan Kardec questionou os Espíritos Superiores, conforme se lê na questão 912: "Qual o meio mais eficiente de combater-se o predomínio da natureza corpórea?".

A resposta, objetiva e simplesmente, foi: "Praticar a abnegação".

"Na verdade, impulsos generosos se vos depararão mesmo entre os que nenhuma religião têm; porém, essa caridade austera, **que só com abnegação se pratica** (grifo nosso), com um constante sacrifício de todo interesse egoístico, somente a fé pode inspirá-la (...)". Essa instrução, de autoria de um Espírito protetor, ditada em Cracóvia, no ano de 1861, atesta que a genuína caridade é difícil sem o apoio da fé. É por meio dessa vinculação a um ideal maior que o bem se promove de forma desinteressada, generosa e altruísta.

Sobre essa dedicação intensa, escreveu o Espírito André Luiz, pelas mãos abençoadas de Francisco Cândido Xavier, na obra *Ação e Reação* (Ed. FEB), capítulo 16: "A abnegação, em toda parte, é sempre uma estrela sublime. Basta mostrar-se para que todos gravitemos em torno de sua luz".

Importante considerar que, sobretudo no ambiente doméstico, a vivência do devotamento e da abnegação concorre grandemente para fomentar a paz entre os que ali convivem.

Atentemos para o que anotou Walter Barcelos, no capítulo 22 de *Sexo e Evolução* (Ed. FEB), por exemplo:

"Nesta posição de sentimento, o homem ou a mulher já ultrapassaram os limites confortadores do carinho. Procuram doar o seu amor, através do esforço constante, não somente nas horas fáceis e alegres, mas também nos trabalhos, problemas e dificuldades, para levar ao cônjuge e à equipe doméstica os bens inapreciáveis da alegria, da paz, da boa vontade, do conforto material e espiritual. O grande devotamento é o alicerce para a manifestação inicial da renúncia."

Que não nos falte esse "alicerce" divino. Sobre esse fundamento sólido, as tempestades da vida podem ser superadas, sem maiores danos.

Àqueles que colocam em prática esses ensinos, Jesus classificou de "prudentes" (Mateus, 7:24). São os heróis anônimos da humanidade, a quem devemos veneração, pois com eles está a verdadeira sabedoria.

CAPÍTULO 16

O TRAVESSEIRO

Certa feita, aproximou-se de Jesus um escriba, um especialista em interpretar as leis do povo judeu.

Encantado com os ensinos renovados do Cristo, Dele se acercou, exclamando com emotividade: "Mestre, seguir-te-ei para onde quer que fores" (Mateus, 8:19).

Ato contínuo, Jesus lhe respondeu:

"As raposas têm suas tocas e as aves do céu têm seus ninhos, mas o Filho do Homem não tem onde repousar a cabeça."

O hábito do ser humano de apoiar a cabeça para dormir é antigo. Estima-se que tenha surgido no Egito Antigo, onde as pessoas reclinavam a cabeça sobre travesseiros feitos de pedra.

A tradição teria se espalhado pelo Oriente, quando então as mulheres passaram a adotar com frequência o encosto da cabeça em uma espécie de tijolo. Além de ajudar a dormir, preservava o penteado.

Com o progresso humano e o surgimento de novas matérias-primas, a velha e dura almofada de pedra foi sendo substituída por materiais mais confortáveis, até os modernos e anatômicos travesseiros.

No tempo de Jesus, porém, era na pedra que se apoiavam. O Mestre, porém, afirmou, ao escriba, não possuir onde fazê-lo.

Não conseguimos imaginá-Lo fazendo essa afirmação em tom de queixa, a expressar reclamação por não dispor de um lugar para sossegar Sua preocupada cabeça.

Reportava-se Ele, evidentemente, à lógica dos que se dispõem ao exercício da fidelidade às Leis de Deus, que prescrevem, entre outras coisas, pensarmos antes no outro que em nós mesmos, a fim de sermos completos.

"Sem dúvida, usufruiremos a paz pela qual suspiramos, mas, em princípio, necessitamos observar que a paz alcançará, primeiramente, aqueles que souberem doá-la em benefício dos outros, **sabendo passar sem ela** (grifo nosso)" – escreveu Emmanuel, em psicografia de Francisco Cândido Xavier, no capítulo 6 do livro *Hora Certa* (Ed.GEEM).

Notável preceito cristão esse, não é mesmo?

Quanto mais avança na senda evolutiva, menos exigente se torna o Espírito imortal. Menos cogita vantagens para si mesmo.

A sua vantagem, o que o faz avançar, é irradiar do seu amor e da sua luz, beneficiando os que com ele convivem.

E nessa irradiação contínua, pela reciprocidade natural das leis universais, recebe à medida que dá. Ganha à medida que compartilha.

A Doutrina Espírita vem, nessa hora oportuna da evolução humana, estabelecer a importância da vivência da caridade, como coroamento das revelações divinas.

Inumeráveis criaturas recorrem a obras de autoajuda. Não temos o direito de questionar sua eficácia. Todavia, somos de convir que o meio mais efetivo para alcançar paz íntima é o de ajudarmo-nos uns aos outros. Somente ajudando, capacitamo-nos para conquistas genuínas e duradouras.

É a ciência de saber renunciar em prol de outrem, verdadeira garantia da paz e da felicidade.

Sobre isso, escreveu Kardec:

"Com a fraternidade, filha da caridade, os homens viverão em paz e se pouparão males inumeráveis, que nascem da discórdia, por sua vez filha do orgulho, do egoísmo, da ambição, da inveja e de todas as imperfeições da Humanidade" (*Instruções de Allan Kardec ao Movimento Espírita*. Organizado por Evandro Noleto Bezerra. Ed. FEB, cap. 23).

É preciso reconhecer que todos somos Espíritos em evolução, numa longa marcha ascensional. Ninguém pode viver isolado ou isolando-se. Ao contrário, nossas existências devem se solidarizar com outros seres, numa convivência social fraterna, para juntos vencermos a distância que nos separa de nosso destino, como Espíritos aperfeiçoados.

Com sabedoria, também anotou o Codificador a esse respeito:

"A solidariedade [...] que é o verdadeiro laço

social, não o é apenas para o presente; estende-se ao passado e ao futuro, pois que as mesmas individualidades se reuniram, reúnem e reunirão, para subir juntas a escala do progresso, auxiliando-se mutuamente. Eis aí o que o Espiritismo faz compreensível, por meio da equitativa lei da reencarnação e da continuidade das relações entre os mesmos seres. [...] Para o Espiritismo, a solidariedade é um fato que se assenta numa lei universal da Natureza, que liga todos os seres do passado, do presente e do futuro e a cujas consequências ninguém pode subtrair-se. [...]" (*Obras Póstumas*, parte 1. Questões e problemas).

Diante de tão elevados conceitos, não podemos nos acomodar, caindo na mesmice e na perigosa postura dos que se acham bons do jeito que estão.

Que nos estimule permanentemente o entusiasmo dos primeiros momentos em que abraçamos o ideal espírita-cristão, a fim de que, ao reclinarmos a cabeça no travesseiro, o façamos com o precioso aval da paz de consciência.

CAPÍTULO 17

MENINOS E ADULTOS

Certa vez, afirmou Jesus que "entre os nascidos de mulher", ninguém era maior que João Batista (Lucas, 7:28).

Ou seja, apesar de não ter atingido a condição evolutiva de um Espírito Puro ("o menor no Reino de Deus é maior que ele", citação extraída do mesmo versículo), João estaria abaixo apenas de Jesus, em termos evolutivos.

Não dispomos de informações para presumir quem vinha depois do Batista na sequência decrescente da escala dos encarnados da época, nem deveríamos "esquentar a cuca" para descobrir, afinal, especular essas coisas não passa de "fermento de fariseus", como ensinou-nos o Mestre.

Todavia, é forçoso considerar que entre os Espíritos de grande envergadura moral, atuando no movimento cristão nascente, destaca-se também o do jovem Estêvão, aliás, primeiro mártir do Cristianismo. Suas demonstrações de fidelidade ao Evangelho são preciosidades, merecendo muito respeito de todo cristão.

Segundo o livro bíblico Atos dos Apóstolos, os adversários da Boa Nova sequer "podiam resistir à sabedoria e ao espírito" com que Estêvão pregava (Atos 6:10).

Da obra monumental *Paulo e Estêvão* (Ed. FEB), psicografada por Francisco Cândido Xavier, extraímos inúmeras reflexões dos ensinos dados por esse grande apóstolo do Evangelho. Selecionamos, no momento, apenas duas, por considerá-las expressões puras de fé na Providência Divina.

Antes de mais nada, é preciso destacar que a fé, segundo os conceitos do Judaísmo, não se limita à crença. É muito mais que isso. Trata-se de um exercício de fidelidade, de lealdade a um Ser Supremo.

Observemos como Estêvão, ainda não convertido ao Cristianismo, expressou-se sobre isso, em um de seus diálogos com a irmã, Abigail, quando já estavam encarcerados, por ordem dos romanos:

"(...) estamos em experiências que devem ter a

melhor finalidade para a nossa redenção, porque, de outro modo, Deus não no-las mandaria."

Que demonstração de fé singular! Uma submissão e um respeito perfeitos Àquele que tem nas mãos os destinos de todos, e que por todos zela, com leis soberanas e sábias.

Em outras palavras, se as experiências difíceis que atravessamos não tivessem utilidade para nosso aprimoramento, por qual razão Deus as permitiria? Se Suas leis são perfeitas, como compreender qualquer imperfeição nesse processo? Não faz o menor sentido admitir que Ele esteja falhando, ou desatento, em que pese a dureza das provas que estejamos vivendo.

Mais adiante, e já integrando o movimento cristão, Estêvão fará profundo discurso na igreja de Jerusalém, ante o olhar atônito de Saulo de Tarso, demonstrando o alcance de sua fé, dizendo:

"Antigamente, éramos meninos até no trato com a revelação; agora, porém, os varões e as mulheres de Israel atingiram a condição de adultos no conhecimento. O Filho de Deus trouxe a luz da verdade aos homens, ensinando-lhes a misteriosa beleza da vida, com o seu engrandecimento pela renúncia. Sua glória resumiu-se em amar-nos como Deus nos ama. Por essa mesma razão, Ele ainda não foi compreendido."

Preciosos ensinos de um grande Espírito!

Já deveríamos ter passado da fase de "meninos no trato com a revelação". Todavia, ainda agimos com o mesmo pensamento infantil, em matéria de fé.

O Deus da Primeira Revelação ficou célebre por ter tirado os hebreus da escravidão no Egito; por tê--los feito passar a pé enxuto ante o mar aberto; por ter feito cair o maná do céu...

Curiosamente, ainda "sonhamos" com esse Deus. Ansiamos que Ele nos liberte da "escravidão" do sofrimento; que remova os obstáculos à nossa frente, a fim de atravessarmos tranquilos, "a pé en-xuto", o mar das adversidades (que nós mesmos criamos) ou que faça as coisas "caírem do céu"...

Por isso, Jesus ainda tem dificuldade de ser compreendido, segundo explicou Estêvão. Porque nos apresentou um Deus que nos ama de forma diferente, não se limitando a nos conduzir como meninos, mas desejoso de nos preparar para a vida, porque nos quer adultos, capazes de digerir "alimento mais sólido".

Sobre o poder da fé, lemos em *O Evangelho Segundo o Espiritismo*, capítulo 19, item 11, na instrução assinada por José, em 1862:

"Divina inspiração de Deus, desperta a fé os nobres instintos que conduzem o homem ao bem; é a base da regeneração. É preciso, pois, que essa base seja forte e durável, porque se a menor dúvida vier abalá-la, em que se torna o edifício que construístes sobre ela?"

Foi-se o tempo de pensarmos como meninos, em matéria religiosa. Jesus nos apresentou um Deus que nos ama infinitamente, mas que quer nos promover, proporcionando experiências educativas e iluminativas, visando nossa destinação futura, em bases de permanente e gradativo aperfeiçoamento.

Convertido ao Cristianismo, Saulo, que passou a se chamar Paulo, adquiriu essa compreensão, em breve tempo. Os ensinos de Estêvão estavam gravados em sua memória, e ele confirmará isso, em duas oportunidades memoráveis.

Em carta aos Hebreus (5:13-14) escreveu: "(...) todo aquele que se alimenta de leite é inexperiente na palavra de justiça, porque é criança. Mas o alimento sólido é para os adultos (...)".

E na célebre epístola aos cristãos de Corinto, anotou: "(...) Quando eu era menino, falava como menino, sentia como menino, pensava como menino; quando cheguei a ser homem, desisti das coisas próprias de menino" (1 Coríntios, 13:11).

Paulo nunca mais esquecera o discurso do primeiro mártir do Evangelho. Oxalá possa ocorrer o mesmo conosco.

CAPÍTULO 18

LIÇÕES DA INFÂNCIA
DO CRISTO

Muito se especula a respeito de como Jesus passou a Sua infância e adolescência, devido às reduzidas informações dos textos evangélicos.

As questões intrigantes já começam a respeito do Seu nascimento. O que seria, por exemplo, a "estrela" misteriosa que guiou aqueles que foram visitá-Lo, conforme o capítulo 2, versículos 1 a 12 do Evangelho atribuído a Mateus?

Bem, sobre esse primeiro aspecto, Allan Kardec sugere caminho oposto à tese de um corpo celeste deslocando-se pelo espaço. Sua interpretação é a de um "ser celeste" – um Espírito Superior, que podia aparecer sob uma forma luminosa (*A Gênese – os Milagres e as Predições Segundo o Espiritismo*, cap. 15, item 4).

Com doze anos de idade, Jesus causou admiração nos doutores, junto ao Templo de Jerusalém

(Lucas, 2:47). No capítulo 2 da obra *Boa Nova* (Ed. FEB), psicografada por Francisco Cândido Xavier, o instrutor espiritual Humberto de Campos esclarece que, após o famoso episódio, o jovem humildemente pediu ao Seu pai que o admitisse como ajudante na sua carpintaria. Ali Ele consumia Seus dias, aperfeiçoando as madeiras da oficina, empunhando "o martelo e a enxó, enchendo a casa de ânimo com Sua doce alegria!"

Curioso, desde pequeno o Mestre se familiarizou com os instrumentos que, mais tarde, estariam com Ele no cumprimento glorioso de Sua missão terrena: o martelo, a madeira, os pregos – instrumentos que Ele tanto amava...

O Cristo passava a semana trabalhando como carpinteiro e, aos sábados, frequentava as sinagogas, onde podia ler e comentar os textos sagrados. Num daqueles sábados, Seus comentários sobre as revelações da lei mosaica foram tão surpreendentes, que alguns dos que O ouviam exclamaram admirados (Marcos, 6:3): "De onde lhe vem tudo isso? E que sabedoria é esta que lhe foi outorgada? Não é este **o carpinteiro** (grifo nosso), filho de Maria e irmão de Tiago, José, Judas e Simão?

Note, prezado leitor, Jesus era conhecido pela Sua profissão: um carpinteiro!

Outro dado intrigante sobre a adolescência de Jesus vem do fato de muitos pensarem que Ele tenha se instruído junto aos Essênios, membros de uma seita judaica fundada por volta do ano 150 a.C. Por terem costumes brandos e virtudes austeras, não faltou quem cogitasse que o Mestre participou dessa seita antes de iniciar Sua vida pública.

Sobre esse ponto, o Codificador é enfático ao explicar que Jesus podia até tê-los conhecido, o que é perfeitamente normal, mas nada prova que Ele se filiou a eles, e que "tudo o que se escreveu sobre esse assunto é hipotético" (*O Evangelho Segundo o Espiritismo*, Introdução).

A respeito disso, escreveu Emmanuel, pela psicografia de Francisco Cândido Xavier, conforme se lê no capítulo 12 de *A Caminho da Luz* (Ed. FEB), que "não obstante a elevada cultura das escolas essênias", o Mestre não necessitou da sua contribuição. Desde os Seus primeiros dias na Terra, o Cristo se mostrou "tal qual era, com a superioridade que o planeta lhe conheceu desde os tempos longínquos do princípio".

O Espírito imortal chega à escola terrena, pelo veículo abençoado da reencarnação, "tal qual é", ou seja, com um patrimônio acumulado, apresentando virtudes que resultam de suas conquistas pessoais, frutos do seu empenho, de seu esforço.

Desde pequeno, o reencarnante já apresenta os sinais visíveis desse processo evolutivo, cabendo aos pais e responsáveis a tarefa missionária de acompanhar-lhe os passos, estimulando as suas ações no bem, ao mesmo tempo em que devem se esmerar em corrigir, sem demora, aquelas que se mostrem contrárias. Se o Cristo, que era puro, contou com o carinho de José e a ternura de Maria, Espíritos de grande envergadura moral, que dizer de nós outros, Espíritos ainda assinalados por profundas limitações?

Das lições que extraímos de Sua infância, é preciso ressaltar a alegria com que Ele vivia Sua rotina diária, entre os labores da carpintaria do pai e os afazeres do lar. Ali, "crescia o menino e se fortalecia, enchendo-se de sabedoria; e a graça de Deus estava sobre ele" (Lucas, 2:40).

Desde criança, testemunhou a grandeza de servir a um lar, de conviver harmonicamente com aqueles que ali viviam. Cumpriu também o Seu papel de moço, herdando a profissão do pai, que desempenhava com honradez, amando o que fazia, exemplificando que o senso de cooperação e a capacidade de encontrar propósito naquilo que se faz são mais importantes que o retorno econômico.

Em matéria profissional, todos sonhamos em poder fazer aquilo que gostamos. Quantos, porém, aprendemos a ciência de gostar daquilo que fazemos?

A derradeira lição desse período da vida de Jesus nos vem da Sua resposta a Maria, Sua mãe, quando ela O interpelou no Templo: "Por que me procuráveis? Não sabíeis que me convém tratar dos **negócios** (grifo nosso) de meu Pai?" (Lucas, 2:49).

Anotou Emmanuel em *Caminho, Verdade e Vida*, cap. 27, psicografia de Francisco Cândido Xavier (Ed. FEB): "(...) a criatura humana deveria entender na iluminação de si mesma o melhor negócio da Terra, porquanto semelhante operação representa o interesse da Providência Divina, a nosso respeito".

CAPÍTULO 19

ORAR, ESTUDAR E SERVIR

Após os dolorosos acontecimentos da crucificação e morte de Jesus, algumas mulheres, que tinham vindo com Ele da Galileia e acompanhado Seu falecimento, testemunharam o local onde Seu corpo foi depositado: um sepulcro, escavado numa penha, onde nenhum homem ainda havia sido posto.

Tendo que cumprir o repouso do sábado judaico, retiraram-se e foram preparar especiarias e unguentos, antes do descanso previsto na Lei (Lucas, 23:53-56).

No domingo, que é o primeiro dia da semana, ainda de madrugada, foram até o sepulcro. Mas que surpresa! A pedra, que fechava a sepultura, havia sido removida e o corpo do Mestre não se achava lá dentro.

Ainda não haviam se recuperado da perplexidade e foram surpreendidas por dois varões com túnicas que relampejavam. Eles lhes disseram:

JUNTO A JESUS

"Por que procurais entre os mortos aquele que vive? Não está aqui, mas se levantou. Lembrai-vos do que vos falou quando ainda estava na Galileia, dizendo: É necessário o Filho do Homem ser entregue nas mãos dos homens pecadores, ser crucificado e levantar-se no terceiro dia."

"Levantar-se" era uma expressão idiomática que fazia referência à ressurreição dos mortos. Para expressar a morte e a ressurreição, eles utilizavam as expressões "deitar-se" (morte) e "levantar-se" (ressurreição) (Novo Testamento / tradutor Haroldo Dutra Dias, Conselho Espírita Internacional, pág.383).

Ao retornarem dali, relataram todas essas coisas aos seguidores imediatos do Mestre, que pareceram não acreditar em suas palavras.

Segundo o relato de Lucas, Pedro foi o único que correu ao sepulcro para verificar a situação. Tendo encontrado apenas as bandagens de linho, utilizadas para envolver o cadáver, retornou para casa maravilhado.

No mesmo dia, dois discípulos caminhavam para uma aldeia, cujo nome era Emaús.

Enquanto seguiam o trajeto, iam conversando sobre os recentes acontecimentos, envolvendo a condenação e morte de Jesus.

Sem que dessem conta, o próprio Cristo, aproximando-se, caminhava junto com eles. Por um "misterioso" processo, porém, eles não O reconheceram.

O Mestre lhes perguntou:

"Que palavras são essas que trocais entre vós, enquanto caminhais?"

Um deles respondeu, algo inconformado:

"Tu és o único peregrino em Jerusalém que não sabes as coisas ocorridas nela nestes dias?"

Em seguida, relatou os acontecimentos, passando pela condenação até a cena da sepultura vazia, testemunhada pelas mulheres da Galileia.

Começando por Moisés e por todos os profetas, Jesus foi interpretando para os dois as Escrituras, a respeito Dele mesmo, até que, chegando na aldeia e entrando com eles numa casa, ao reclinar-se à mesa com ambos, tomar um pão, abençoar e depois repartir e entregar-lhes, os olhos deles foram como que abertos e O reconheceram. Depois disso, Jesus ficou invisível para eles (Lucas, 24:13-31).

Há uma beleza espiritual profunda nesse relato tocante de Lucas.

A vida na Terra é uma caminhada constante. Para alguns, ela parece longa, para outros, é breve e passageira.

Mas isso não importa. O fato é que o Cristo nos acompanha, nos assiste, como se "caminhasse" ao nosso lado, embora nem sempre reconheçamos Sua presença amiga, a ponto de muitas vezes indagarmos: será que o Mestre não sabe das coisas que estão acontecendo? Todo mundo sabe o que está se passando comigo, menos Ele, que nada parece fazer... está invisível!

Um dia, no entanto, nossos olhos se abrirão.

Apropriar-nos-emos convenientemente da mensagem singular do Evangelho, e esse alimento espiritual, como pão vivo, saciará nossa fome angustiante e O reconheceremos como nosso Mestre, à maneira dos discípulos de Emaús.

É preciso caminhar com a certeza de que o

Cristo anda bem próximo de nós. Conscientes de Sua assistência amorosa e permanente, saibamos interpretar os acontecimentos da vida, como Ele o fez para os dois discípulos, durante a jornada.

Imperioso atravessarmos a vida física buscando essa releitura consciente e madura das ocorrências existenciais, a fim de não nos surpreendermos tanto com os percalços da travessia.

Para isso, indispensáveis são os valores preciosos da oração, do estudo e do serviço – recursos benditos que aclaram o raciocínio, aprimoram o discernimento e acalmam o coração.

Orar, estudar e servir são ações que promovem equilíbrio, preservando-nos de desajustes emocionais e espirituais.

Orar, para a "conexão" com o Alto. Estudar, para arejar a mente e aprofundar conhecimentos. Servir, para viver o bem, em plenitude. A vida vai ganhando brilho e, sem percebermos, caminhamos em frente, mais jubilosos e fortalecidos. É como se o Cristo, invisível, andasse ao nosso lado...

CAPÍTULO 20

O TEXTO NO CONTEXTO

O estudo e a vivência da mensagem do Cristo, com as luzes da Terceira Revelação, são compromissos dos mais sagrados, pois ali está o "pão que sacia toda a fome", a "água que mata toda a sede".

Por expressar os mais altos conceitos espirituais, o Evangelho exige que o meditemos, o sintamos e o coloquemos em prática.

O trabalho de interpretação de seu conteúdo é uma das tarefas mais fascinantes, dentro do imenso campo de estudos com que o cristão sincero se defronta.

Por ser imensamente rica, a Boa Nova permite que se extraiam profundas interpretações a partir de pequenos versículos, ou mesmo de uma palavra, um nome, um número...

Sobre isso, chamam a atenção os comentários evangélicos de que dispomos na farta literatura espírita, extraídos de pequenos fragmentos de texto.

É bem conhecida do público espírita a série de comentários feitos pelo benfeitor espiritual Emmanuel, a partir de frases pequeninas. Ele justifica a ótima iniciativa, no prefácio de *Caminho, Verdade e Vida* (Ed. FEB), psicografia de Francisco C. Xavier, argumentando que, à maneira de um colar de pérolas, em que cada uma tem um valor específico, "no imenso conjunto de ensinamentos da Boa Nova, cada conceito do Cristo ou dos Seus colaboradores diretos adapta-se a determinada situação do Espírito, nas estradas da vida".

O estudioso dos textos evangélicos, todavia, não pode perder de vista que muitos argumentos do Mestre também ganham profundidade quando são analisados considerando-se o contexto em que estão inseridos e concatenando-se os ensinos.

Tomemos um exemplo.

No término do capítulo 12 do Evangelho atribuído a Mateus, encontramos três passagens evangélicas bem interessantes, que começam a partir de um pedido feito por um grupo de escribas e fariseus, homens que se consideravam superiores aos demais e que desprezavam a maioria, para eles, considerada pecadora e indigna de "salvação".

São elas: "O sinal de Jonas" (12:38-42), uma parábola sobre um Espírito imundo (12:43-45) e a família de Jesus (12:46-50), da qual já comentamos.

A primeira refere-se a um pedido feito por alguns escribas e fariseus, que pedem um sinal do céu ao Mestre, que responde nenhum sinal haver para lhes dar, a não ser o sinal de Jonas.

A segunda, também conhecida como parábola da recaída, explica que, quando um Espírito imundo deixa um homem, não encontrando repouso fora, acaba por retornar, trazendo consigo outros sete espíritos piores que ele. E o estado daquele homem fica pior que antes.

Na última, Jesus é procurado por Seus parentes, que Lhe querem falar, mas estão fora da casa onde Ele se acha. Em resposta, Seus discípulos ouvem a famosa pergunta: "Quem é minha mãe? E quem são meus irmãos?". E, em seguida: "Eis aqui minha mãe e meus irmãos; porque qualquer que fizer a vontade de meu Pai que está nos Céus, este é meu irmão, e irmã, e mãe".

Três belíssimos textos, cada qual com imensas possibilidades de interpretação particulares, isoladamente. Porém, quando olhamos com uma visão de conjunto, tentando encontrar um contexto, eles sugerem que poderia estar passando na mente de Jesus só um assunto: a religião não deve excluir ninguém!

Quando os escribas e fariseus pedem a Jesus um sinal do céu, o Mestre lhes devolve a resposta com o sinal de Jonas, citado num dos menores livros do Antigo Testamento, em que o profeta desobedece a uma ordem de Deus para pregar a uma nação gentia, visando convertê-la de seus pecados.

Jonas é o símbolo da criança mimada, do religioso exclusivista, que não tem um olhar de inclusão para os pecadores... mais ou menos como os escribas e fariseus que interpelaram Jesus!

Na sequência de Sua fala, o Mestre conta a parábola da recaída, em que o segundo estado de um homem fica pior que o primeiro. Um recado direto àqueles adversários do Cristo, que agora erravam com conhecimento de causa, porque conheciam a Lei, mas, mesmo assim, deixavam de praticá-la, desprezando o povo. Seria melhor para eles o primeiro estado, a falta de conhecimento, pois este mesmo conhecimento, agora, comprometia-os.

A última passagem do capítulo 12, envolvendo a família de Jesus, é um texto à parte em termos de interpretação, abrindo possibilidades de se comentar a diferença entre o parentesco corporal e o parentesco espiritual, como Kardec bem o faz em *O Evangelho Segundo o Espiritismo*, capítulo 14, e que já vimos aqui. Mas não seria outra argumentação para o mesmo tema da "não exclusão"?

Quando o Mestre diz "qualquer que fizer a vontade de meu Pai, que está nos Céus, este é meu irmão, e irmã, e mãe", não temos como deixar de ver, em Sua fala, a mesma temática.

Não importa quem seja a pessoa, seus títulos acadêmicos, sua raça, suas origens, sua família (e até seus "pecados"), todos somos objetos do mesmo carinho do Pai Celestial. Todos somos irmãos, com iguais possibilidades de crescimento e evolução, pois Deus não faz "acepção de pessoas" (Romanos, 2:11). Basta que cada um se esforce, dentro de suas possibilidades, para começar a "fazer a vontade do Pai".

Vemos, assim, que o Evangelho abre um leque imenso de possibilidades interpretativas, tanto isoladamente quanto dentro de um contexto maior. Basta que apuremos nossos "olhos de ver".

CAPÍTULO 21

A PRIMEIRÍSSIMA LEI DO CRISTÃO

Nos comentários iniciais ao capítulo 9 de *O Evangelho Segundo o Espiritismo*, anotou Allan Kardec (item 4) que "depois da humildade perante Deus, a caridade para com o próximo é a primeira lei de todo cristão".

Essa virtude sublime da humildade foi muito exemplificada por Jesus em toda Sua passagem pela Terra, da manjedoura à morte humilhante na cruz.

Sobre ela, muitas vezes o Mestre ensinou, sobretudo ao abrir o Sermão do Monte com a expressão *Bem aventurados os Pobres em Espírito*, isto é, os humildes.

Invariavelmente, ensinava que *todo aquele que se eleva será rebaixado*.

Contrariando a prática comum do Seu tempo, estimulava Seus discípulos a adotarem posição diferente diante de um convite de casamento: *assenta-te no último lugar, para que, quando vier o que te convidou, te diga: Amigo, sobe mais para cima.*

Desejoso de abrir os olhos aos orgulhosos doutores da Lei, conclamava que *muitos primeiros seriam últimos* e que *muitos últimos seriam primeiros.*

Foi com esse sentimento divino que o Cristo preferiu a carpintaria de José à escola de rabinos, que aguardou João Batista iniciar seu ministério, que conclamou aqueles a quem curava a não fazerem propaganda de Seus feitos e que lavou os pés dos Seus apóstolos, na última ceia com eles, como se fosse um escravo...

Curiosamente, não são poucas as mulheres e homens notáveis, grandes em suas realizações, que tiveram origens bem humildes, imitando o Mestre.

Por outro lado, muitos que tiveram origens abastadas, ou que viviam apenas "desfrutando" a vida, acabaram por abandonar tudo em prol de um ideal nobilitante, optando por uma vida mais humilde, voltando-se mais para ajudar aos outros que a si mesmos, quando tiveram seus olhos "abertos" para a realidade.

Atribui-se a Mahatma Gandhi a frase que diz:

"o dinheiro faz homens ricos, o conhecimento faz homens sábios e a humildade faz grandes homens".

Nesta mesma linha de raciocínio, escreveu G. K. Chesterton: "Há grandes homens que fazem com que todos se sintam pequenos. Mas o verdadeiro grande homem é aquele que faz com que todos se sintam grandes".

Notável virtude a humildade, não é mesmo?

Ela vence barreiras aparentemente intransponíveis, porque dá calma e serenidade àquele que a possui. Mas não é só isso. Ela também emociona, convence e cativa, com sua docilidade.

É uma das forças mais poderosas do Universo, capaz de dobrar os Espíritos mais endurecidos, ante sua presença sensível.

Ilustramos esse argumento, recordando a vida de um grande apóstolo do Evangelho: Francisco de Paula Victor.

Nascido em 12 de abril de 1827, filho de uma escrava, chamada Lourença Justiniana de Jesus, na pequena cidade de Campanha, no sul do Estado de Minas Gerais, na fazenda da senhora Mariana de Santa

Bárbara Ferreira, ali cresceu, sempre admirado e amado por todos. Era um garoto negro, robusto, cheio de saúde e obediente. O seu caráter piedoso fazia-o espelho para os demais. Tendo sido extremamente pobre, nunca abandonou a modéstia e a disciplina.

Embora tenha aprendido o ofício de alfaiate, aos vinte e um anos de idade sentiu desejo de se tornar padre. Ajudado por sua madrinha e "senhora", dedicou-se com muita perseverança até ingressar, em 5 de junho de 1849, no Seminário de Mariana.

É preciso lembrar que o processo de abolição da escravatura no Brasil iria perdurar por quase quarenta anos, até se consolidar em 1888, com a promulgação da Lei Áurea. Por isso, podemos imaginar a dificuldade que o novo seminarista enfrentou.

Vestido pobremente, supunham os outros seminaristas que "aquele moleque feio" vinha para ser ajudante na cozinha ou para outro qualquer serviço subalterno. Ao saberem que ele era candidato ao sacerdócio, ficaram atônitos.

Os estudantes, orgulhosos, sentiram-se deprimidos por terem de conviver ao lado dele. Passaram a menosprezá-lo, reduzindo-o a mero criado, exigindo que ele escovasse seus sapatos, limpasse suas roupas e arranjasse suas camas, sempre com humilhações.

A todas essas exigências, ele simplesmente respondia: *"Sim, senhor. É para isso mesmo que eu vim"*. Sem relutância, humildemente executava as recomendações recebidas.

Conta-se que, mesmo após sua ordenação, sofreu humilhação por parte de muitos fiéis, que não lhe beijavam as mãos como faziam com outros sacerdotes. Mas isso não abalava a alma desse apóstolo do Evangelho.

Sua docilidade conquistou os outros seminaristas e lhe valeu, mais tarde, o afeto e o carinho de todos, que passaram a considerá-lo, dedicando-lhe respeito e atenção. Ninguém mais se envergonhava da sua companhia, e todos com ele ombreavam, fraternalmente.

O primeiro padre ex-escravo do Brasil vivia para servir, sem nenhuma preocupação em ser servido.

Um genuíno representante do cristão honrado que fez da "humildade perante Deus" a sua primeiríssima lei.

CAPÍTULO 22

DESENVOLVENDO GRATIDÃO

Aprendemos em *O Evangelho Segundo o Espiritismo*, capítulo 14, que a ingratidão é um dos frutos mais imediatos do egoísmo, e que a ingratidão dos filhos com seus pais tem um caráter ainda mais reprovável.

Isto porque, de todas as provas, as mais penosas são as que afetam os sentimentos, em uma palavra, o coração. "Há quem suporte com coragem a miséria e as privações materiais, mas que sucumbe sob o peso dos pesares domésticos, magoado pela ingratidão dos seus", ensina Santo Agostinho, em sua instrução no capítulo citado da obra.

A Doutrina Espírita vem lançar luz sobre esse problema, esclarecendo que não é o acaso que faz isso ocorrer, e que uma secreta intuição nos diz que um ou outro já odiou muito ou foi muito ofendido e que um ou outro veio para perdoar ou para expiar as faltas cometidas no passado.

Todavia, quão abençoada é a Providência Divina, que nos permite "apagar" temporariamente da memória as lembranças dos erros pretéritos, podendo reconstruir o futuro, sob novas condições, podendo recomeçar tudo outra vez.

Assevera Santo Agostinho: "A tarefa não é tão difícil quanto poderíeis crer; ela não exige o saber do mundo. Tanto o ignorante quanto o sábio podem cumpri-la, e o Espiritismo só vem facilitá-la, fazendo que se conheça as causas das imperfeições do coração humano".

Profundas consolações podemos encontrar nestes preciosos apontamentos, auxiliando-nos a vencer as amarras que nos prendem ao passado, priorizando assim o equilíbrio no relacionamento, agora mais conscientes de que estamos envolvidos nesse processo, por motivos que compreenderemos no futuro. Mais importante que isso é saber que esses motivos são justos, pois as Leis Divinas não erram.

Extrapolando a questão, somos forçosamente levados a refletir sobre o grau de gratidão que, na condição de filhos, já demonstramos (ou não) em relação a nosso Pai Criador.

Não terá Ele também o desejo de receber essa reciprocidade, através das manifestações sinceras de reconhecimento?

"A gratidão por nosso Criador é a prece mais legítima que se Lhe pode fazer", afirmou Areolino Gurjão, na obra *Expiação* (Ed. FEB), Cap. "O despertar de uma alma".

Há muitas maneiras de expressarmos a nossa gratidão a Deus, sobretudo se soubermos louvar Sua bondade e sabedoria, através da submissão às Suas Leis - a melhor maneira de demonstrarmos fidelidade a Seu amor incondicional.

Para muitos, submissão é sinônimo de humilhação, passividade, subserviência. Uma espécie de constrangimento. O ensinamento dos Espíritos Superiores sobre a submissão, porém, é muito diferente desse último conceito. Recorrendo às obras básicas da Codificação, sobretudo em *O Livro dos Espíritos*, aprendemos que o próprio progresso espiritual depende desta virtude.

Com o fim de nos esclarecermos e alcançarmos, progressivamente, a perfeição, adquirimos

JUNTO A JESUS

conhecimentos passando pelas provas que Deus nos impõe. Os Espíritos explicam que alguns "aceitam essas provas com submissão e alcançam mais prontamente o fim de sua destinação. Outros não as suportam senão murmurando e, por suas faltas, permanecem distanciados da perfeição e da felicidade prometida".

Na questão 117 da obra citada, Allan Kardec indaga se depende dos Espíritos apressarem seu progresso para a perfeição. As entidades venerandas respondem que "eles o alcançam mais ou menos rapidamente segundo seu desejo e sua submissão à vontade de Deus". Novamente, destacam a importância da virtude, fazendo uma comparação, em forma de pergunta, muito esclarecedora: "Uma criança dócil não se instrui mais rapidamente que uma criança insubmissa?".

Vemos, assim, que submissão não é algo que nos diminui. Antes, enseja a calma e a resignação necessárias no esforço de evoluir. É a serenidade que permite ao Espírito abrandar a amargura das provas de que necessita para avançar.

No entanto, esse discernimento precisa vir com

o aval do coração. Essa é uma das instruções do Espírito Lázaro em *O Evangelho Segundo o Espiritismo*: "A obediência é consentimento da razão, a resignação é o consentimento do coração". Juntas, essas forças ativas "carregam o fardo das provas que a revolta insensata deixa cair". Por isso, chama de bem-aventurados os que são brandos, pois eles prestam "dócil ouvido aos ensinamentos" (Instruções dos Espíritos, Capítulo 9, item 8).

Ante as inúmeras benesses que recebemos, fruto do conhecimento espírita que nos permite levantar um pequenino véu sobre a nossa realidade imortal, o que de melhor poderíamos pedir a Deus, senão que nos conscientize a fim de nos submetermos às Suas leis soberanas, com consentimento de nossa razão e de nosso coração?

Assim, avançaremos, superaremos os percalços do caminho, viveremos mais leves e começaremos a esboçar gratidão por tanto que temos recebido.

Afinal, como diz gentil confrade de nosso Movimento, o que mais necessitamos, além de sermos merecedores de oportunidade de trabalho e devedores conscientes?

CAPÍTULO 23

UM PEDIDO MUITO ESPECIAL

Estando subindo para Jerusalém com Seus discípulos, Jesus foi abordado pela mãe dos filhos de Zebedeu, pescador conhecido da Galileia.

A jovem senhora aproximou-se do Mestre e, reverenciando-O, como era costume na época, manifestou o desejo de Lhe fazer um pedido.

Sereno, Jesus lhe perguntou: "Que queres?"

– "Dize que, no teu Reino, estes meus dois filhos se assentem um à tua direita e outro à tua esquerda" – respondeu-lhe a mulher.

Um pedido bem especial, não é mesmo? Típico de um coração materno desejoso de propiciar o melhor aos seus filhos, João e Tiago, apesar do certo grau de exagero.

O pedido causou um clima de indignação. Os outros dez imediatamente ficaram irritados com os dois irmãos, segundo o registro de Mateus (20:24).

***

A harmonização das passagens evangélicas, isto é, a leitura de um mesmo acontecimento nos outros Evangelhos, revela surpresas interessantes.

O texto de Mateus (27:55-56) comenta que, na crucificação de Jesus, estavam presentes muitas mulheres, além de Sua mãe, contemplando de longe, as quais seguiram-No desde a Galileia, servindo-O. Entre elas, estavam Maria Magdalena, Maria (mãe de Tiago e José) e a mãe dos filhos de Zebedeu – a mesma personagem que fez o pedido inusitado, há pouco.

Já o evangelista Marcos (15:40) assim descreve as mulheres presentes na cena: Maria Magdalena, Maria (mãe de Tiago menor), Salomé e a mãe de José. Essa informação sugere o nome da esposa de Zebedeu: Salomé.

Mas é na leitura do texto de João (19:25) que fazemos uma descoberta curiosa, pois ele menciona que estavam ali presentes: Maria (mulher de Clopas), Maria Magdalena e a irmã da mãe de Jesus!

Os textos dão a entender que Salomé, esposa de Zebedeu, era tia do Mestre. Isso é uma possibilidade interpretativa, uma hipótese. Sendo verdadeira, nos remeteria a um tipo de favoritismo, fruto da relação especial de parentesco com Jesus.

Teria sido esse um dos motivos que a levaram a fazer o pedido especial?

Humberto de Campos, em psicografia de Francisco Cândido Xavier, no capítulo 4 do livro *Boa Nova* (Ed. FEB), comenta que Salomé, apesar de bondosa e sensível, deixou-se "alucinar" por sonhos maternais, antevendo a proximidade de um novo reino, diante dos comentários do povo em torno de uma revolução contra o dominador romano. "A quem seriam confiados os postos mais altos, dentro da nova fundação?". Era preciso agir, enquanto havia tempo. E foi o que ela fez.

A resposta do Cristo, porém, foi desconcertante. Olhando-a de volta, com carinho, disse-lhe: "Antes de tudo, é preciso saber se eles quererão beber do meu cálice!".

O episódio suscita reflexões das mais variadas.

Somos de convir que uma das mais interessantes seja: qual o teor dos pedidos que endereçamos, com frequência, ao Alto?

JUNTO A JESUS

Colocando em outras palavras, somos sempre coerentes em nossas orações, ou nos precipitamos, muitas vezes exigindo coisas que não condizem com nossas verdadeiras necessidades? Estaremos, à maneira de Salomé, embora sem má intenção, endereçando aos Céus preces que mais parecem pedidos de favorecimento?

Aprendemos, nas belas páginas do Capítulo 27 de *O Evangelho Segundo o Espiritismo*, na primeira instrução dos Espíritos, item 22, que nossas preces devem conter o pedido das graças de que temos necessidade, mas uma necessidade real.

Inútil, portanto, rogarmos a Deus que abrevie nossas provas, que nos dê alegria e riquezas – explica-nos o instrutor espiritual. Ao contrário, é necessário pedir os bens preciosos da paciência, da resignação e da fé.

Assim, é necessário, segundo nos explicam os benfeitores espirituais, pedir, antes de todas as coisas, que Ele nos auxilie em nosso progresso moral, e veremos "que torrente de graças e de consolações se derramará" sobre nós.

A prece não requer que nos recolhamos aos nossos aposentos ou que nos ajoelhemos em público. A prece diária, na verdade, é o cumprimento dos nossos deveres, de qualquer natureza que eles sejam.

A Doutrina Espírita vem nos ensinar que a prece pode ser de todos os instantes, sem mesmo ocasionar interrupção aos nossos trabalhos, uma vez que ela os santifica. E que um só desses pensamentos, partindo do coração, é mais ouvido pelo Pai Celestial que as longas preces ditadas pelo hábito ou por uma hora convencional.

Imaginemos as diferentes situações em que podemos nos elevar em pensamento ao Alto, no decorrer de um dia, seja quando uma alegria nos chega, quando um acidente é evitado, ou quando uma contrariedade qualquer aflora e somos levados a pedir-Lhe, com profunda humildade, que nos perdoe aquela falta, rogando forças para reparar o erro e não mais repeti-lo.

Naquele dia, e diante daquela cena inusitada, Jesus aproveitou, mais uma vez, para deixar profundos ensinamentos.

JUNTO A JESUS

Contemplando Salomé, disse-lhe que seus filhos certamente beberiam Seu cálice, isto é, enfrentariam os testemunhos que aguardavam os discípulos do Evangelho. Mas que quanto a ocupar um posto tão elevado na Espiritualidade, que só se conquista vencendo, etapa a etapa, os processos da jornada evolutiva, isso só cabe ao Pai conceder.

Sem perda de tempo, voltou-se o Mestre para o pequeno tumulto de indignação entre os outros discípulos, e solucionou a questão, arrematando: "(...) quem quiser tornar-se o maior entre vós, será o vosso servidor, e quem quiser ser o primeiro entre vós, será o vosso servo" (Mateus, 20:26-27).

CAPÍTULO 24

TRABALHO – MOVIMENTO DA VIDA

Em outra oportunidade, na cidade de Jerusalém, Jesus se achava próximo à Porta das Ovelhas, localidade ao norte da cidade, provavelmente por onde as ovelhas eram introduzidas para serem sacrificadas, durante as festividades da Páscoa Judaica.

Ali, um tanque, ao qual pessoas atribuíam poderes curativos, congregava uma multidão de enfermos. Neste local, Jesus teria curado um homem que havia trinta e oito anos se achava enfermo, e era um dia de sábado.

Tão logo os zelosos observadores das tradições tomaram conhecimento, irritaram-se com o Mestre, pois fazia "estas coisas" no sábado.

Calmamente, como de costume, Jesus se serve do episódio para outro de Seus magistrais momentos: "o meu Pai trabalha até agora, eu também trabalho" (João, 5:17).

Sua declaração irritou-os, não só porque Ele se colocava como alguém muito próximo de Deus, mas porque quebrava a tradição religiosa de não trabalhar aos sábados.

Aprendemos em *O Livro dos Espíritos*, Livro Terceiro, Capítulo 3, que o trabalho é uma lei da natureza, uma necessidade, que a própria civilização nos impõe.

Se, por um lado, o trabalho pode ser uma expiação, por outro, é vigoroso meio de aperfeiçoar-nos a inteligência, já que, sem o trabalho, o ser humano permaneceria na sua infância intelectual.

Devemos ao trabalho: a alimentação, a segurança, o bem-estar, e todos os confortos e facilidades de que podemos desfrutar. Mas ele não se limita a dar-nos o conforto para o corpo. É sobretudo no quesito do desenvolvimento intelectual, que também é uma necessidade, e do qual o trabalho é o meio, que ele se impõe como indispensável, pois nos permite elevarmo-nos acima de nós mesmos.

Há irmãos nossos que usufruem bens suficientes para assegurarem sua sobrevivência, de tal maneira que praticamente estão livres do trabalho material. Todavia, instruem-nos os Espíritos Superiores que isso não dispensa o ser humano da obrigação de ser útil segundo os meios ao seu alcance, de aperfeiçoar a sua inteligência ou a dos outros, o que também é um trabalho. Nesse caso, sua obrigação é ainda maior, porque mais recursos lhes foram concedidos e mais tempo dispõem para fazer o bem.

É assim que lemos na questão 675 da referida obra básica: "(...) o Espírito também trabalha, como o corpo. Toda a ocupação útil é trabalho".

Comentando a magistral fala de Jesus, explica o benfeitor espiritual Emmanuel, em *Caminho, Verdade e Vida* (Ed. FEB), psicografia de Francisco Cândido Xavier, no capítulo 4, que a coisa mais comum é observar-se criaturas "queixosas e insatisfeitas" e que a maioria se revolta contra o gênero de seu trabalho.

"Os que varrem as ruas querem ser comerciantes; os trabalhadores do campo preferiam a existência na cidade", e assim por diante...

Segundo ele, o problema, porém, não é de gênero da tarefa, mas o de compreender-se a oportunidade recebida e que, de um modo geral, as queixas seriam fruto de uma espécie de "preguiça inconsciente", que é inata. Ela "nasce com a gente", isto é, vem do passado obscuro, em que nos comprazíamos com a ociosidade, com ocupações inúteis e prejudiciais.

Dessa forma, arremata Emmanuel, Jesus veio nos trazer a benção do trabalho, que é "o movimento incessante da vida".

E para que saibamos honrar nosso esforço pessoal, lembrou Ele que o Pai não cessa de servir e que Ele, Jesus, também não se recusou à Sua tarefa pessoal de dedicação à humanidade.

O fato é que o Cristo quis deixar claro, naquela oportunidade, que o amor divino não vê hora ou local para agir. Ante um gemido de dor ou aflição, somos convocados a mover nossos melhores recursos para, dentro dos limites que as Leis Divinas nos impõem, prestarmos nosso concurso fraternal ao outro.

Não restam dúvidas de que, amparados por essas mesmas Leis, quanto mais dermos de nós, mais recolheremos da vida. Não nos referimos apenas a recompensas de ordem material, oriundas do trabalho profissional honesto, mas aos inquestionáveis tesouros da paz de consciência, da jovialidade, da felicidade genuína e sadia. Como lembrou o apóstolo dos gentios, Paulo de Tarso, em carta endereçada a Timóteo: "O lavrador que trabalha deve ser o primeiro a gozar dos frutos" (2 Timóteo, 2:6).

Discorrendo sobre o assunto, escreveu o Codificador, conforme se lê na edição de junho de 1866 da Revista Espírita, que a "medida do trabalho imposto a cada Espírito, encarnado ou desencarnado, é a certeza de ter realizado escrupulosamente a missão que lhe foi confiada. Ora, cada um tem uma missão a cumprir: este numa grande escala, aquele em escala menor. Contudo, relativamente, as obrigações são todas iguais, e Deus vos pedirá contas do óbolo posto entre vossas mãos".

E, mais adiante, concluiu seu precioso parágrafo: "Pensai, meus irmãos, que o dom que vos é feito é um dos supremos dons de Deus. Não vos envaideçais por isso, mas fazei todos os esforços para merecer esse alto favor. Se os títulos que poderíeis receber de um grande da Terra; se os seus favores são algo de belo aos vossos olhos, quanto mais vos deveríeis sentir felizes com os dons do senhor dos mundos, dons incorruptíveis e imperecíveis que vos elevam acima de vossos irmãos e serão para vós a fonte de alegrias puras e santas!".

Trabalhar é um privilégio. Trabalhar, servindo no campo do bem, é um presente divino. Seus frutos são alegrias puras e santas, como explicou o Codificador. É inadiável procurarmos vencer a "acomodação inata", fruto do passado distante, nos engajando no "movimento incessante da vida".

CAPÍTULO 25

A ENTRADA TRIUNFAL

A última semana de Jesus na Terra, como homem, foi marcada por episódios que ocupam boa parte dos textos evangélicos; contém a Sua prisão, condenação, morte e ressurreição.

Pretendemos destacar, aqui, apenas as ocorrências que marcaram o primeiro dia daquela semana: Sua entrada triunfal em Jerusalém e a expulsão dos vendedores, que praticavam o comércio dentro do grande templo.

Jesus entra na "cidade santa" e é aclamado pela multidão, que estende suas vestes e corta ramos de árvores, depositando no caminho por onde Ele passaria.

Aqueles que seguiam a comitiva, em frente ou atrás dela, gritavam: "Hosana ao filho de Davi! Bendito o que vem em nome do Senhor! Hosana nas alturas!".

O termo "Hosana" era uma expressão hebraica,

extraída dos Salmos (118:25) originalmente com o sentido de "ajuda", "Salva, eu rogo" (Novo Testamento / tradutor Haroldo Dutra Dias, Conselho Espírita Internacional, pág.120).

Tão logo Jesus entrou no templo, narra o evangelista Mateus (21:12), Ele "expulsou todos os que vendiam e compravam no templo, e derribou as mesas dos cambistas e as cadeiras dos vendedores de pombas".

Estamos aqui diante de uma narrativa delicada, uma certa dramatização, afinal, é difícil conceber que Jesus, com Sua mansidão, conseguisse expulsar "todos" os que vendiam e compravam, inclusive atacando todas as mesas dos cambistas e as cadeiras dos vendedores de pombas, que eram em grande número, já que atendiam a classe social mais humilde, que ali comprava os animais para os sacrifícios.

Ademais, é preciso lembrar que duas forças militares estavam presentes na cena: o policiamento do próprio templo e os soldados romanos, que, aliás, eram prontos para desfazer qualquer alvoroço, ainda mais em se considerando a multidão que acorria a Jerusalém, por conta das festividades da Páscoa judaica.

A julgar pela informação que lemos três versículos depois (Mateus, 21:15), em que os sumos sacerdotes estão maravilhados com as coisas que Ele fazia, podemos deduzir que o episódio tem um conteúdo altamente simbólico.

Honório Onofre de Abreu, coordenador da obra *Luz Imperecível* (Ed. União Espírita Mineira), em seu capítulo 124, sugere interessante reflexão a partir do gesto de Jesus, conhecido como "a purificação do templo".

Segundo ele, podemos entender por templo "a intimidade do espírito". Esse templo requer o "acesso de Jesus, a indispensável purificação".

Para tanto, lembra ele:

"Para que tal limpeza se faça, necessitamos adotar, pela assimilação do Evangelho, os instrumentos de ação retificadora do caminho e o empenho incansável de afirmar-se no Bem".

Com relação às mesas dos cambistas e às cadeiras dos que vendiam pombas, há interessantes pensamentos que podemos extrair, também da mesma obra.

Quanto às primeiras, ao "derrubá-las", Jesus "desarticulava o mal organizado dentro do templo, como só Ele consegue fazer com relação, também, às trevas existentes nos corações".

Ou seja, é indispensável permitir que o Evangelho "desarticule" ou "desorganize" aquilo que está sedimentado em nós, fruto de um longo período de acomodação no vício e no erro, e que se organizou com o passar do tempo.

Neste sentido, vem a imagem das "cadeiras dos vendedores". Lembra-nos o saudoso Honório:

"As cadeiras bem evidenciam a tranquilidade, a acomodação, às quais nos ajustamos sem resistência no decorrer do tempo, em atendimento às tendências ao menor esforço. Tal fato apresenta-se bem caracterizado naqueles que se achavam assentados no interior do templo, oferecendo a terceiros os instrumentos de sacrifício, a que por si mesmos, não se dispunham a adotar no plano reeducativo".

Vê-se, por essas considerações, prezado leitor,

o chamamento para o processo inadiável da reeducação íntima.

O Evangelho pede licença para fazer essa "entrada triunfal" no solo precioso do nosso ser, propondo renovação, superação de fatores de acomodação, "purificação" de pensamentos e sentimentos, a fim de exercitarmos nosso livre-arbítrio com mais segurança e equilíbrio.

Neste aspecto, a veneranda Doutrina Espírita traz consigo a marca da sensatez, uma vez que não propõe um programa de reforma íntima às pressas, da noite para o dia, com o qual nos angustiaríamos, sem real proveito para nosso crescimento espiritual.

Observemos o que nos traz a questão número 800 de *O Livro dos Espíritos*:

"Seria conhecer bem pouco os homens, pensar que uma causa qualquer pudesse transformá-los como por encanto. As ideias se modificam pouco a pouco, com os indivíduos, e são necessárias gerações para que se apaguem completamente os traços dos velhos hábitos. A transformação, portanto, não pode operar-se a não ser com o tempo, gradualmente, pouco a pouco (...)."

Guardamos a certeza de que o Cristo, nosso modelo excelente, embora aguarde com paciência nosso processo de renovação gradativa, almeja entrar "triunfalmente" em nosso coração, "purificando nosso templo íntimo", dispondo-nos a viver diariamente Seus ensinos.

Portanto, se a nossa vida anda um pouco turbulenta, agitada, não entremos em desespero. Vai ver, é Jesus "derrubando algumas mesas e cadeiras"...

CAPÍTULO 26

ENTRE O QUERER E O DEVER

Comovente instrução foi escrita por Albino Teixeira, conforme se lê no capítulo 22 da obra *Caminho Espírita,* psicografia de Francisco C. Xavier (Ed. IDE), sintetizando como se deve identificar o comportamento espírita. Acompanhemos:

"Em suma, é possível identificar o espírita como um companheiro de Jesus Cristo na experiência humana, que nem sempre faz aquilo que quer, mas faz constantemente aquilo que deve."

Ao dizer que o espírita é um "companheiro de Jesus Cristo na experiência humana", traça-nos o amigo espiritual, de início, uma diretriz segura, uma vez que ser companheiro do Mestre pressupõe demonstrarmos interesse permanente pela nossa autoevangelização, entendida essa como a busca incessante pelo aprimoramento da própria conduta moral e a vivência dos ensinos do Mestre.

Em seguida, com palavras simples, porém

profundas, conclui seu pensamento apontando um roteiro capaz de nos livrar de muitos perigos: acima de fazer aquilo que se quer, "fazer aquilo que se deve".

Quantas vezes, se recorrermos à memória, não lembraremos de situações em que nos envolvemos em processos dolorosos, até mesmo ferindo pessoas caras ao nosso coração, apenas porque não observamos esse pressuposto singelo e, divididos entre o que queríamos e o que deveríamos fazer, acabamos por colocar nossos interesses particulares e imediatistas acima de obrigações ou responsabilidades?

No prefácio da obra *Nos domínios da Mediunidade*, psicografia de Francisco C. Xavier (Ed. FEB), assevera Emmanuel:

"Sem noção de responsabilidade, sem devoção à prática do bem, sem amor ao estudo e sem esforço perseverante em nosso próprio burilamento moral, é impraticável a peregrinação libertadora para os Cimos da Vida."

Notemos como a belíssima instrução do benfeitor espiritual contém o chamamento para os deveres indispensáveis da jornada evolutiva.

Orienta-nos a Codificação Espírita, na obra *O Evangelho Segundo o Espiritismo*, capítulo 17, item 7, que o dever é "a obrigação moral", sendo lei da vida, encontrando-se, portanto, "nos mais ínfimos detalhes, como nos atos elevados".

A dificuldade em cumprirmos escrupulosamente nossos deveres se deve ao fato de que as seduções do interesse e do coração se opõem a isso. Além do mais, as vitórias do dever geralmente não têm testemunhas, ensinam-nos os Espíritos Superiores.

Para entendermos onde começa e onde termina o nosso dever, ensinou com propriedade Lázaro, nesta instrução recebida em Paris, no ano de 1863:

"O dever começa precisamente no ponto em que ameaçais a felicidade ou a tranquilidade do vosso próximo; termina no limite que não gostaríeis de ver ultrapassado em relação a vós mesmos."

E concluiu:

"O homem que cumpre o seu dever ama a Deus mais que as criaturas, e as criaturas mais do que a si mesmo; ele é, ao mesmo tempo, juiz e escravo em sua própria causa".

Atentemos para a grandeza dessa última instrução, colocando nossos deveres para com Deus em primeiro lugar; em seguida, no tocante aos nossos semelhantes e, por último, nossos interesses pessoais. Curiosamente, quanto menos pensamos em nós mesmos, no que diz respeito a satisfazer anseios e caprichos pessoais, mais maduro, espiritualmente falando, mostra-se nosso posicionamento diante da vida.

É como se um discernimento especial nos aclarasse o entendimento para como deve ser nossa atitude, nas variadas situações em que somos chamados a agir (ou a deixar de fazê-lo, simplesmente), tendo em vista a necessidade de cumprir o mandamento de amor, ensinado por Jesus (João, 15:12).

É importante lembrar o que responderam os Espíritos Superiores a Allan Kardec, conforme se lê na questão 647 de *O Livro dos Espíritos*: que o amor ao próximo é a regra moral que encerra "todos os deveres" recíprocos dos seres humanos.

A Doutrina Espírita, ao nos apresentar as consequências práticas da ausência do amor ao próximo, nas relações do Espírito Imortal com outros seres, torna clara a necessidade da sua aplicação.

É pelo fato de ignorarmos as "consequências" do não cumprimento desses deveres, que os negligenciamos.

À medida, porém, que nosso entendimento (e vivência) das leis naturais se amplia – e as revelações espirituais existem para tal fim – nossa "leitura" dos acontecimentos se modifica e passamos a considerar o cumprimento de nossos deveres, como ensina Lázaro, não mais como aquilo que apenas nos preserva dos males da vida, mas como algo que dá, à nossa alma, o vigor necessário ao seu desenvolvimento.

Em outras palavras, imperioso abraçarmos nossas obrigações com alegria não só porque isso nos preserva do mal, mas porque, acima de tudo, promove-nos o bem. E isso vale tanto para os grandes como para os menores deveres.

A tradição evangélica nos apresenta ilustrativo exemplo, resgatado por Emmanuel, no capítulo 100 da obra *Fonte Viva*, psicografia de Francisco C. Xavier

(Ed. FEB). Trata-se do episódio envolvendo o discípulo Tomé.

Conforme o relato de João, capítulo 20, versículo 24, Tomé não estava com os outros quando Jesus apareceu a eles, ressuscitado. Descontente, reclamou provas, por não ter testemunhado "a primeira visita de Jesus", quando lhe bastaria ter cumprido o dever mínimo de "estar com os outros". Ocorreu a ele o mesmo que acontece com qualquer trabalhador da seara "distante do dever que lhe cabe".

Não nos é lícito censurar a atitude do apóstolo, famoso pela incredulidade, mas a assertiva de Emmanuel tem muito valor. É comum reclamarmos, apresentando inúmeras exigências para tudo, quando, em verdade, bastar-nos-ia o cumprimento de nossos deveres mínimos. A vida se incumbe do resto.

CAPÍTULO 27

A PODEROSA TRAVE

Entre as inesquecíveis lições do chamado Sermão do Monte, o Mestre Jesus insistiu, quase no término do Seu discurso, para que os adeptos da Boa Nova se prevenissem contra um vício comprometedor: o comentário maldoso.

Ensinou-nos o Divino Amigo, conforme se lê no Evangelho de Mateus, capítulo 7, versículos de um a cinco:

"Não julgueis, para que não sejais julgados. Porque com o juízo com que julgardes sereis julgados, e com a medida com que tiverdes medido vos hão de medir a vós. E por que reparas tu no argueiro que está no olho do teu irmão, e não vês a trave que está no teu olho? Ou como dirás a teu irmão: Deixa-me tirar o argueiro do teu olho, estando uma trave no teu? Hipócrita, tira primeiro a trave do teu olho, e então cuidarás em tirar o argueiro do olho do teu irmão."

Entende-se por "argueiro" uma partícula minúscula que se destaca de um corpo qualquer, geralmente um cisco ou coisa parecida. Já a "trave" nos remete a uma grossa viga de madeira, comumente usada para sustentação de edificações.

Sendo carpinteiro de profissão, Jesus deveria conviver com argueiros e traves, na oficina de José, e se serviu magistralmente desses elementos para compor a famosa parábola, cujos objetivos são a ênfase para a nossa conduta em relação ao outro, nossa ausência de autoconhecimento e a imperiosa necessidade do perdão nos relacionamentos. Em outras palavras, é fundamental cultivar indulgência.

A questão está bem trabalhada por Allan Kardec nos itens 9 a 13, e 16 a 21 do Capítulo 10 de *O Evangelho Segundo o Espiritismo*.

Segundo ele, é o orgulho – essa poderosa trave – que nos leva a dissimular os próprios defeitos, tanto os morais como os físicos.

Afinal, como pode um ser humano, que se crê melhor que a maioria de seus irmãos, motivar-se para destacar as qualidades de outrem, sabendo que tal atitude o diminuiria?

O orgulho nos impede de fazê-lo, motivando-nos a realçar aquilo que diminui o outro, como tentativa de desviarmos a atenção das pessoas de nossas limitações.

Explica-nos Kardec que a censura lançada sobre a conduta de outra pessoa pode ter dois motivos:

a) Reprimir o mal;

b) Desacreditar a pessoa cujos atos se criticam.

É óbvio que, no primeiro caso, estamos diante mesmo de um dever em certos casos, uma vez que disso pode resultar um bem. Lembra-nos o mestre lionês que o próprio Cristo não se esquivou de fazê-lo, inclusive agindo com energia em muitas situações. Mas com um detalhe que faz toda a diferença: ensinou que a autoridade da censura está sempre em razão da autoridade moral daquele que a pronuncia.

No segundo caso, porém, incorremos em erro sem desculpas, visto que a motivação se limita à maledicência, à maldade, atitudes contrárias à caridade, sempre "modesta, simples e indulgente", não podendo existir uma espécie de "caridade orgulhosa", uma vez que tais sentimentos se anulariam um ao outro.

Em *O Livro dos Espíritos*, responderam os Espíritos Superiores à questão 903, ensinando que estudar os defeitos alheios, com o fito de os criticar e divulgar, implica em responsabilidade grave para quem o faz.

A atitude coerente consiste em, antes de se fazer censuras a alguém pelas suas imperfeições, ver se o mesmo não pode ser dito a nosso respeito.

A orientação dos Benfeitores Espirituais é lúcida: deveremos ter as qualidades contrárias aos defeitos que criticamos. Ou seja, para criticarmos a avareza, teremos que ser generosos. Para criticar a mesquinhez, somos obrigados a atos de grandeza em tudo, e assim por diante. Somente agindo dessa maneira não nos enquadramos na séria advertência da parábola do argueiro e da trave.

Elucidativo "conto" nos vem por Hilário Silva, no capítulo 30 da obra *O Espírito da Verdade*, psicografia de Francisco C. Xavier e Waldo Vieira (Ed. FEB).

Duas senhoras, mãe e filha, conversavam em casa. A mais jovem se queixava com sua mãe, porque um rapaz havia apedrejado alguns objetos de sua propriedade. O autor da façanha, um jovem perturbado por adversários espirituais, era filho de uma antiga amiga da família, uma senhora chamada Margarida.

A mãe tentava convencer a filha a esquecer, a desculpar, afinal, não havia sido um prejuízo tão grande. Mas a jovem insistia na punição, reiterando ainda o seu desejó de ressarcimento, e que havia tomado a decisão junto com seu marido, um motorista de caminhão chamado Fábio, que ganhava seu salário a duras penas.

Para surpresa de ambas, porém, alguém, batendo à porta, interrompeu a conversa com uma notícia alarmante: um acidente acabara de ocorrer. Um caminhão acabara de invadir a casa da Dona Margarida, derrubando uma parede e inutilizando todo o mobiliário de uma sala da residência.

Mãe e filha correram para o local. A luz do quarteirão havia apagado. Sem serem vistas, ouviram Dona Margarida pedindo ao guarda de trânsito que não queria abrir processo contra o motorista, apesar do grande prejuízo, porque era muito amiga da família.

E arrematou Hilário Silva, identificando o autor do desastre:

"As duas senhoras, porém, não puderam continuar ouvindo, pois a voz irritada de Fábio elevou-se da multidão e era necessário socorrê-lo, porque o infeliz estava ébrio."

Por essas e outras que a indulgência, ensinada por Jesus, tira-nos a trave dos olhos e sempre será ótima conselheira!

CAPÍTULO 28

A CÉSAR E A DEUS

No tempo de Jesus, existiam "diferentes seitas que pretendiam ter, cada uma, o monopólio da verdade e, como acontece quase sempre, detestando-se cordialmente umas às outras", ensina-nos a Introdução de *O Evangelho Segundo o Espiritismo*.

A mais influente era a dos Fariseus, que se celebrizaram pela ostentação e aparência de virtudes (ressalvadas as nobres exceções) e que exerciam grande influência sobre o povo.

O Cristo, com Seu amor abrangente, não desprezou esses religiosos. Frequentemente procurava despertar-lhes a consciência, através de ensinos e parábolas que lhes tocavam diretamente. Infelizmente, e salvo exceções, o carinho não era recíproco...

Certa vez, após ouvirem Dele a Parábola das Bodas (Mateus, 22:1-14), retiraram-se os religiosos imediatamente e passaram a confabular, tentando encontrar uma maneira de surpreender Jesus. Dessa confabulação, surgiu uma estratégia, aparentemente eficaz, se o alvo não fosse um Espírito da grandeza do Mestre.

Reunindo seguidores, convocaram Herodianos, membros de outra seita, que honrava a memória de Herodes e que era muito dada com os dominadores romanos. Não é difícil entender o porquê de fazer isso. Aproximando-se de Jesus, perguntaram-Lhe:

"Dize-nos, pois, que te parece? É lícito pagar tributo a César, ou não?"

A intenção era clara: criar uma indisposição entre Jesus e o Poder Romano!

Sem se perturbar, como sempre, Jesus lhes pediu uma moeda e indagou de quem era a efígie e a inscrição que nela havia. Ao responderem que era de César, o Cristo colocou um ponto final na cilada, criando uma fórmula perfeita:

– Dai pois a César o que é de César, e a Deus o que é de Deus.

Não lhes restou senão se retirarem. E, segundo o evangelista, maravilhados com a sabedoria de Jesus.

A passagem nos remete a reflexões importantes.

Primeiro, no sentido da conscientização que devemos ter no respeito às leis humanas, sem as quais a vida em sociedade sofreria prejuízos incalculáveis.

Por exemplo, aquilo que alguém poupa com o trabalho honesto é propriedade legítima que tem o direito de defender. Essa propriedade, fruto do trabalho, é um direito natural, tão sagrado como o de trabalhar e de viver, ensinam os Espíritos Superiores, na resposta à questão 882 de *O Livro dos Espíritos*.

Discorrendo sobre a instrução do Mestre, Emmanuel traz mais luz ao assunto, no capítulo 102 de *Pão Nosso*, psicografia de Francisco C. Xavier (Ed. FEB):

"Vive em harmonia com teus superiores e não te esqueças de que a melhor posição é a do equilíbrio. Se pretendes viver retamente, não dês a César o vinagre da crítica acerba. Ajuda-o com o teu trabalho eficiente, no sadio desejo de acertar, convicto de que ele e nós somos filhos do mesmo Deus."

Procurando desfazer a inquietação do cristão quanto a situações que demonstrem exigências abusivas, aponta-nos ele ainda, no Capítulo 81 de *Caminho, Verdade e Vida,* psicografia de Francisco C. Xavier (Ed. FEB), que o Senhor corrigirá todo aquele que agir mal no desempenho de sua autoridade, seja ela de natureza pública ou privada, em momento oportuno, sendo essa certeza "mais um fator de tranquilidade para o servo cristão que, em hipótese alguma, deve quebrar o ritmo da harmonia". A instrução é um comentário extremamente atual à fala do apóstolo Pedro, em sua primeira epístola (I Pedro, 2:13): "Sujeitai-vos, pois, a toda ordenação humana, por amor do Senhor".

A lição do Cristo aos Fariseus e Herodianos fala também de nossos deveres para com a família e com os indivíduos em geral, como nos lembra o Codificador, no item 7, Capítulo 11 de *O Evangelho Segundo o Espiritismo.*

Contudo, não se limita a isso, pois coloca, ao lado desses deveres mínimos, a importância da vivência da Lei de Amor, como o coroamento das Leis Divinas, para que pautemos nossa vida pela disciplina e pelo equilíbrio.

É o que nos explica Cairbar Schutel, no Capítulo

35 da obra *O Espírito do Cristianismo* (Casa Editora O Clarim), ao afirmar que Jesus frisou a importância de se pagar o tributo a César, mas que existe um outro "tributo" que, se não for pago no presente, será no futuro, com "juros de mora": o tributo de Deus!

Embora cause um certo desconforto falar em "pagar impostos", há substancial diferença entre esses dois tributos.

O primeiro pode pesar, sendo muitas vezes uma exigência que nos pede grande esforço para cumprir, sob pena de sanções irremediáveis.

O segundo, porém, tem um peso diferente. O "tributo de Deus' pressupõe a vivência de Suas leis: o amor, o estudo, o trabalho, a oração, entre outros. Ao invés de sobrecarregar, alivia o fardo das dores, pois que é libertador. Negar-se a esse tributo é o que, efetivamente, nos faz (e tem feito) amargar duras consequências, conquanto as sintamos pesar.

É preciso lembrar que, diferentemente de César, Deus exige o tributo das Suas leis de forma incomparavelmente justa, mas desmesuradamente misericordiosa, uma vez que oferece a cada um de

Seus filhos reiteradas oportunidades de recomeço da jornada mal cumprida, sem condenação eterna, sem virar as costas a quem quer que seja. Seu amor incondicional não conhece limites, não fecha portas, não considera nada irremediável, desde que nos disponhamos a assumir nossas responsabilidades.

É por isso que "pagar tributos" a Deus deve ser motivo de alegria, de renovado júbilo, como algo que nos torna completos, cheios de vida, ainda que, no momento, a única coisa que possamos oferecer seja um "óbolo de viúva", de tão pequenos que ainda somos.

O que nos alegra, porém, é poder fazer o nosso melhor, com a certeza de que o Cristo recebe esse pagamento – o sacrifício de nossas imperfeições, nossos erros e vícios – como uma moeda que pesa muito no tesouro divino.

CAPÍTULO 29

A SUBLIME ALIANÇA

Vivemos um período de significativa importância nas conquistas da humanidade terrena.

Uma revolução moral se opera neste momento e vai marcar uma nova era, promovendo notáveis modificações nas relações sociais, porque isso está nos desígnios de Deus, afirmou o Codificador Allan Kardec, no capítulo 1 de *O Evangelho Segundo o Espiritismo*.

Referia-se ele à aliança da Ciência e da Religião.

De fato, à medida que a Ciência deixar de ser exclusivamente materialista, inteirando-se do elemento espiritual, e a Religião não mais menosprezar as leis orgânicas e imutáveis da matéria, essas duas forças haverão de se prestar um apoio mútuo, e as consequências disso serão extraordinárias.

Faltava-nos esse traço de união, e o conhecimento das Leis Divinas é preponderante para esse diálogo.

Sabemos que um dos atributos de Deus é ser imutável (*O Livro dos Espíritos*, questão 13), porque, se estivesse sujeito a mudanças, as leis que regem o Universo perderiam sua estabilidade.

Uma vez que Suas leis regulam tudo o que existe, tanto no campo material quanto espiritual, compreender esse processo, essa unidade, é pressuposto básico para harmonizar fé e razão.

Há algum tempo, tivemos a oportunidade de ler interessante instrução do irmão espiritual Dias da Cruz, em psicografia de Francisco Cândido Xavier, conforme se lê na obra *Vozes do Grande Além* (Ed. FEB), intitulada Autoflagelação.

Ensina-nos ele que nosso corpo possui três dínamos: um no ventre, outro no tórax e o último no cerebelo.

O primeiro, situado no ventre, ao processar os alimentos, produz o "quilo" (massa líquida oriunda da última fase da digestão), conduzindo-o ao segundo dínamo, no tórax, que combina esse material com os recursos do ar atmosférico, transmutando-o em líquido dinâmico. No último estágio, situado no cérebro, o dínamo superior se apropria desses recursos, gerando correntes de energia incessante.

"O ser humano, desse modo, em sua expressão fisiológica, considerado superficialmente, pode ser comparado a uma usina inteligente, operando no campo da vida, em câmbio de emissão e recepção" – instrui-nos o venerando amigo espiritual.

Uma vez que o "eu" governa esses dínamos, com suas decisões ante todos os fenômenos da vida, atuando sobre as criaturas e sendo por elas influenciado, permanentemente estamos impactando essa usina abençoada, raramente nos conscientizando desse fato.

E se considerarmos que as leis envolvidas nesse processo são imutáveis, nossas atitudes positivas sempre concorrerão para o equilíbrio da máquina orgânica, sendo o contrário também verdadeiro, desequilibrando-a de forma comprometedora.

É por isso que Dias da Cruz arremata, com propriedade: "Toda violência praticada por nós, contra os outros, significa dilaceração em nós mesmos".

É que toda atitude contrária à Lei de Amor,

que é a base da doutrina do Cristo, reverbera negativamente em nós, produzindo uma espécie de "tempestade magnética" na organização fisiológica, atingindo, de preferência, o ponto mais vulnerável dessa preciosa "usina".

O curioso é que, ao odiarmos alguém, por exemplo, desejando-lhe o mal, ainda que essa pessoa não saiba de nada disso, já teremos nos prejudicado, pelo impacto dessa energia em nós!

Por outro lado, quando promovemos o bem, seja através mesmo de uma prece por outrem, ainda que essa criatura nem saiba que estamos orando por ela, recolhemos os benefícios disso, pelas suaves energias que canalizamos para todo o nosso ser, frutos da oração sincera.

Compreendemos, agora, com maior alcance, o porquê de algumas assertivas de Jesus, como "não peques mais, para que não te suceda alguma coisa pior" (João, 5:14) ou "a cada um segundo as suas obras" (Mateus, 16:27).

O Cristo tinha perfeito domínio acerca do funcionamento das Leis Divinas, mas não podia se aprofundar sobre elas, limitando-se a lançar a semente de ideias que, mais tarde, pelo progresso da humanidade, germinariam apropriadamente.

É essa época que vivemos hoje. E a aliança da Ciência e da Religião pode contribuir sobremaneira na regeneração da humanidade, apoiada na interpretação das leis universais e na compreensão correta dos ensinos imperecíveis do Evangelho.

Disse-nos ainda o Mestre: "Conhecereis a verdade, e a verdade vos libertará" (João, 8:32). Não podemos mais alegar ignorância acerca do que nos cabe realizar, em matéria de iluminação espiritual, mas sim promover o bem em nós mesmos, pela sua prática junto àqueles que conosco convivem.

Vivemos uma hora adiantada, em que o Senhor há de nos cobrar o emprego dos "talentos" com os quais nos agraciou, pois responderemos pelo mal uso que dele fizermos, já que somos detentores de conhecimentos relevantes.

A misericórdia do Cristo, em nos ofertar sucessivas experiências na carne, a fim de sublimarmos nossos pensamentos, sentimentos e atitudes, direcionando-os para a vivência das leis eternas, deve ser nossa maior motivação, pois reflete o amor incondicional do Pai Criador, atuando incessantemente para nosso crescimento como Espíritos imortais e perfectíveis.

E não estão longe os dias em que tais leis serão compreendidas como verdades incontestáveis, gerando sadio diálogo entre essas duas potências: ciência e fé.

CAPÍTULO 30

DISCÍPULOS MODERNOS

Narra o texto do evangelista Lucas, capítulo 14, versículos 25 e seguintes, que Jesus caminhava seguido por uma multidão.

Subitamente, virou-se e disse-lhes que aqueles que quisessem segui-Lo, como discípulos, deveriam amá-Lo acima de suas próprias famílias (e até mesmo de suas vidas) e terem disposição para levar a própria cruz. Quem não se dispusesse a isso, segundo Ele, não poderia ser Seu discípulo (versículos 26 e 27). Allan Kardec dedicou um espaço em *O Evangelho Segundo o Espiritismo*, no sugestivo capítulo 23 – *Moral estranha*, para elucidar essa fala.

Depois dessas palavras, a princípio duras, compôs o Mestre duas parábolas curtas, procurando ilustrar Sua instrução: a de um construtor que não fez as contas antes de erguer uma torre (e, não conseguindo terminá-la, passou a ser escarnecido pelos outros) e de um rei que, indo à guerra, não calculou se teria capacidade de enfrentar o inimigo.

As duas parábolas sugerem que, antes de se entregar a um audacioso empreendimento, é preciso que se faça um preparo. É preciso conhecer as dimensões da própria capacidade, para não ocorrer de "dar um passo maior do que a perna", o que é comum quando nos movemos por entusiasmo, sem calcular minuciosamente o que vamos realizar.

No caso específico dessa passagem evangélica, Jesus sinaliza as condições para segui-Lo, sugerindo discernimento e noção de responsabilidade para enfrentar as consequências. O Mestre não parece simpático a uma aceitação descompromissada por parte de Seus discípulos.

Curiosamente, porém, em momento provavelmente anterior, no capítulo 10, versículo 2 desse mesmo evangelista, O veremos lamentar a carência de seareiros, estimulando a oração ao Pai, para que Ele enviasse mais trabalhadores à causa cristã.

Na verdade, não devemos interpretar que

o Cristo estivesse criando obstáculos aos novos adeptos. Todavia, sentimos que Ele tinha preocupações quanto à "qualidade" dessas adesões, ao comprometimento, à disciplina, à capacidade de doação pessoal, etc.

Podemos inferir que as duas perguntas Dele, em forma de parábola, evocam a necessidade de calcularmos as exigências que a adesão aos labores evangélicos promovem em nossa vida, entre elas, a de nos melhorarmos a cada dia.

Isso porque a regularidade das tarefas implicará em ajustes nas rotinas familiares, em menor tempo para o lazer, em maior renúncia aos interesses pessoais, em sacrificar muitos gostos e caprichos, em maior dedicação àqueles mais fragilizados que nós, enfim.

A princípio, não é nada convidativo, é verdade. Mas isso se raciocinarmos de forma imatura, exclusivamente materialista, esquecendo de considerar nossa condição divina, de Espíritos imortais e perfectíveis.

A bem da verdade, deveremos ver nessas

palavras do Divino Amigo a preocupação em não iludir a quem quer que seja: não existe um Cristianismo "água com açúcar". Ou seguimos o Mestre ou aceitamos a consequência de não fazê-lo.

Pretender o "Céu" sem tentar conquistá-lo na Terra, é enganar a si mesmo, e inclusive àqueles que nos tentam tomar como exemplo.

No capítulo 46 de *Os Mensageiros* (Ed. FEB), psicografado por Francisco Cândido Xavier, André Luiz narra interessante episódio envolvendo a atividade de uma instituição espiritista. Faltando um tempo para iniciar a preleção da noite, vários presentes colocavam pedidos numa mesa: eram pedidos de oração, de curas para males físicos, de orientação para a vida, etc.

Do plano espiritual, André Luiz examinava como os mentores recolhiam os pedidos e, para seu espanto, ouviu do instrutor Aniceto: "a maior parte dos pedidos são desassisados", isto é, sem siso, sem juízo. Explicou que os trabalhadores do Plano Espiritual tinham que tomar o maior cuidado na análise dos pedidos, porque percebiam que a maior parte vinha de pessoas que se "negam voluntariamente aos testemunhos da conduta cristã". E elucidou:

"O Evangelho está cheio de sagrados roteiros espirituais, e o discípulo, pelo menos diante da própria consciência, deve considerar-se obrigado a conhecê-los".

Dois capítulos antes, nesta obra, o próprio Aniceto afirma, em tom grave, que a maior parte dos nossos padecimentos se deve à "falta de educação religiosa". Não daquela que vem do sacerdócio, ou de uma instrução que alguém ouve, mas a educação religiosa "íntima e profunda, que o homem nega sistematicamente a si mesmo".

Voltando às duas parábolas contadas por Jesus, o eminente teólogo Joachim Jeremias, em sua obra *As parábolas de Jesus* (Ed. Paulus) referiu-se a elas como sérias advertências ao autoexame. Cada um de nós deve examinar-se a si mesmo maduramente, pois um "meio começo é pior do que nenhum".

Enfim, na visão espírita, essas parábolas apresentam objetivos claros, que são analisar nossas responsabilidades em relação às tarefas assumidas e a importância de avaliar nossas potencialidades/capacidades ao abraçar tarefas na seara do Evangelho.

Neste sentido, é indispensável nos aparelharmos, através do devido conhecimento espírita, doutrinariamente seguro e regular, do acatamento das regras do trabalho que pretendemos assumir e da necessária abnegação no desempenho de nossas funções, melhorando-nos sempre, como modernos seguidores do Mestre.

E não pense, leitor amigo, que não há doces consequências nisso tudo. Há, sim, e muito doces, aliás. Pedimos licença para recordar uma, em *Obras Póstumas* (Ed. IDE Editora), no Preâmbulo do *Credo Espírita*, § 7º, com a qual colocamos um ponto final nesse capítulo, por ser impossível acrescentar algo a este lúcido pensamento do Codificador:

"O homem que se esforça seriamente por se melhorar assegura para si a felicidade, **já nesta vida** (grifo nosso). Além da satisfação que proporciona à sua consciência, ele se isenta de misérias materiais e morais, que são a consequência inevitável de suas imperfeições. Terá calma, porque as vicissitudes só de leve o roçarão. Gozará de saúde, porque não estragará o seu corpo com excessos. Será rico, porque rico é sempre todo aquele que sabe contentar-se com o necessário. Terá a paz de espírito, porque não experimentará necessidades fictícias, nem será atormentado pela sede de honrarias e do supérfluo, pela febre da ambição, da inveja e do ciúme."

CAPÍTULO 31

JUSTIÇA DIVINA

De todos os aspectos do Evangelho, talvez aquele a que muitas vezes recorremos, em função até mesmo da nossa condição evolutiva, seja o de buscar consolação para nossas aflições. O Cristo afirmou, categórico, que todos os que sofrem aflições serão consolados (Mateus, 5:4), sem exclusão de quem quer que seja.

Neste sentido, os ensinos evangélicos trouxeram à humanidade algo primordial para essa consolação: a certeza de um Deus justo, de que as dificuldades da vida têm uma causa e que, como Ele é justo, essas causas também o são. "Eis do que cada um deve bem se compenetrar" – instrui-nos o Codificador, no item 3, capítulo 5 de *O Evangelho Segundo o Espiritismo*.

Por maiores que sejam nossas provas, envolvendo enfermidades, revezes financeiros, perda de pessoas amadas, desilusões, etc., nada pode modificar o fato de que são originadas de um sistema de justiça invariavelmente perfeito, distribuindo a cada um, metodicamente, a colheita daquilo que se semeou, hoje ou ontem.

Mas há momentos em que essas provas parecem atingir tal gravidade, que parecemos sucumbir sob o seu peso, e nos sentimos expostos a algo que está acima de nossas forças.

Esse pensamento, no entanto, não corresponde à realidade, felizmente.

Aprendemos na Codificação que "ninguém é responsável senão **pelas suas faltas pessoais** (grifo nosso); ninguém sofrerá as penas das faltas dos outros, a menos que lhes haja dado lugar, seja em provocando-as com seu exemplo, seja em não as impedindo quando tinha esse poder" (*O Céu e o Inferno*, Capítulo 07, item 21).

Vemos, por aí, que sofremos o revés daquilo que praticamos de mal, no exercício de nosso livre-arbítrio. Se temos de resgatar algo pela falta de outra pessoa, isso somente ocorrerá se houve, de nossa parte, alguma participação nos erros cometidos por ela, a partir de nossa ação (ou por nossa omissão).

Provavelmente, um dos exemplos mais interessantes seja o de pais que negligenciam deliberadamente a formação moral dos filhos, colhendo com isso consequências infelizes, a partir da conduta daqueles a quem deixaram de educar.

É assim que o sofrimento está inexoravelmente ligado à imperfeição de cada um.

Todavia, em que pese o rigor dessa justiça distributiva, aprendemos com a Terceira Revelação que, se não há uma única ação má, um único mau pensamento que não tenha as suas consequências fatais, por outro lado, não há uma única boa ação, um único bom movimento da alma, o mais leve mérito, que seja perdido, mesmo entre os mais perversos, pois é um começo de progresso.

Isso nos mostra a grandeza da Sabedoria Divina, que não fixa irremediavelmente Suas penas, pois não age com uma justiça fria, rígida, mas infinitamente sábia e piedosa, visando a evolução gradativa de Seus filhos.

"O caráter essencial das penas irrevogáveis é a ineficácia do arrependimento; ora, Jesus jamais disse que o arrependimento não encontraria graça diante de Deus. Em toda oportunidade, ao contrário, mostra Deus clemente, misericordioso, prestes a receber o filho pródigo de volta ao teto paterno. Não o mostra inflexível senão para o pecador endurecido; mas se tem o castigo numa das mãos, na outra tem sempre o perdão prestes a se estender sobre o culpado (...). Este não é, certamente, o quadro de um Deus sem piedade" – elucida o Codificador.

Até o advento do Cristo, a ideia que se fazia de Deus era de um juiz inflexível. Com a mensagem evangélica, porém, renovou-se a nossa concepção do Criador, a quem Jesus nos apresentou como aquele pai incomparável, imortalizado na Parábola do Filho Pródigo (Lucas, 15:11-32).

Às vezes, ficamos a imaginar o Mestre, recolhido em Seus pensamentos, na solidão de Suas longas meditações, nas paisagens campestres por onde andava, preparando essas histórias incríveis, com as quais procurava traduzir para a humanidade, da melhor forma possível, a grandeza do Pai Criador.

"Esta simples alegoria, capaz de ser compreendida por uma criança, demonstra o amparo e a proteção que Deus reserva a todos os Seus filhos. Nenhum deles é abandonado pelo Pai celestial, tenha os pecados que tiver, pratique as faltas que praticar, porque se é verdade que o filho chega a perder a condição de filho, o Pai nunca perde a condição de Pai para com todos, porque todos somos criaturas Suas" – esclarece-nos Cairbar Schutel, na memorável obra *Parábolas e Ensinos de Jesus* (Casa Editora O Clarim), ao comentar a ilustrativa parábola.

A imagem da festa com a chegada do filho, da melhor roupa e da melhor sandália para ele oferecida, do belo anel colocado em seu dedo, refletem a misericórdia divina, que não oferece obstáculos àqueles que, sinceramente, buscam a reparação de suas faltas que, por maiores que sejam, sempre serão passíveis de serem superadas, com o concurso sagrado do tempo.

A possibilidade de podermos retornar à carne, tantas vezes quantas se fizerem necessárias, para repararmos nosso passado e prepararmo-nos para o futuro, já deveria nos servir de eloquente atestado da benignidade presente na justiça divina.

Como assevera Emmanuel, no prefácio da obra

Ação e Reação (Ed. FEB), psicografada por Francisco Cândido Xavier, "a reencarnação é um estágio sagrado de recapitulação das nossas experiências", e a existência carnal é "verdadeiro favor da Divina Misericórdia, a fim de que nos adaptemos ao mecanismo da Justiça Indefectível".

A nós, cristãos renovados pela convicção das verdades sublimes do Evangelho, cabe, primeiramente, jamais duvidar da excelência das Leis Divinas e da perfeição de seus meios de corrigir e educar todos os Espíritos em marcha na evolução incessante, rumo a Deus. Se existe um motivo para duvidarmos, ele estaria no fato de ignorarmos tais leis, o que já não é mais possível.

Mais do que isso, no entanto, é importante colocarmos nossas palavras e atitudes a serviço da difusão dessas verdades sublimes, a fim de contribuirmos para afugentar, das nossas e das mentes que nos rodeiam, a ignorância a respeito desses códigos celestes, cujo propósito é o engrandecimento de tudo o que sai das mãos do Criador, e isso inclui a cada um de Seus filhos, sem exceções.

CAPÍTULO 32

COMO QUISERMOS

Uma das mais belas narrativas do Antigo Testamento encontramos no livro de Tobias, escrito, segundo se crê, em torno de 200 a.C.

Este livro não consta na Bíblia Católica como um livro histórico, sendo admitido como um romance dentro do gênero sapiencial, cujo objetivo seria a transmissão de ensinamentos.

De forma resumida, narra a história de duas famílias judaicas, tendo uma delas como chefe um certo Tobit que, após ficar cego, envia seu filho Tobias para resgatar uma importância em dinheiro que estava numa terra distante, em posse de um homem chamado Gabael.

Sem saber para onde ir, Tobias procura a ajuda de alguém para guiá-lo, alguém que, sabendo o caminho, pudesse acompanhá-lo na viagem. E encontra um rapaz que se apresenta como um israelita, um compatriota, à procura de trabalho. Ao indagá-lo sobre a viagem, dele fica sabendo que já esteve muitas vezes na região para onde queria ir, e que conhecia muito bem suas planícies e montanhas, e todos os caminhos por lá.

Mais tarde, no capítulo 12 do livro, tendo já retornado da viagem bem-sucedida, quando Tobias se dispõe a pagar o acompanhante pelos serviços prestados, fica sabendo que se tratava de um Espírito elevado, um anjo, que se identifica com o nome de Rafael, e que o protegera em toda a sua viagem, disfarçando-se como um homem comum.

O livro, de leitura agradável, destaca-se pelos conselhos do pai de Tobias, a ênfase na importância da família, da fidelidade a Deus, do respeito aos mortos (assegurando-lhes o sepultamento justo), da oração, etc.

Queremos chamar a atenção, aqui, para o uso que Kardec fez dessa narrativa, como consta no capítulo 27 de *O Evangelho Segundo o Espiritismo*, na qual o Codificador explica que, se o anjo tivesse se revelado a Tobias, este "não teria tido mérito algum; confiante no seu acompanhante, não teria mesmo necessidade de pensar; por isso, o anjo não se fez reconhecer senão no regresso".

Em outro momento, no capítulo 25 da mesma obra, o Codificador retoma o exemplo, ao comentar a passagem evangélica "Pedi e se vos dará; buscai e achareis; batei à porta e se vos abrirá" (Mateus, 7:7). Explica-nos ele que, quando pedimos a assistência dos bons Espíritos, sinceramente, com fé, fervor e confiança, apresentando-nos com humildade e não com arrogância, eles não nos faltarão, como não faltou a Tobias. Dar-nos-ão bons conselhos, a força para resistir ao mal, a luz para clarear nosso caminho, não nos abandonando às nossas próprias forças.

O exemplo de Tobias também será fruto de outras citações constantes da revista criada por Kardec em janeiro de 1858 e por ele mantida até seu falecimento, a *Revista Espírita* (edições de julho de 1861, agosto de 1865, dezembro de 1866 e janeiro de 1868).

A instrução é profundamente consoladora, pois nos apresenta a ação de Deus à nossa volta, levantando-nos de nossas quedas, sustentando-nos em nossas dificuldades, permanentemente ao nosso lado, desde que nos disponhamos a pedi-la, a buscá-la, perseverantemente.

Mas exalta uma virtude essencial: o esforço pessoal, sem o qual não nos fazemos merecedores daquilo que almejamos. Esforço para procurar e achar, para pedir e saber aguardar o momento de receber, para "bater" até que a porta seja aberta. Detalhe curioso, amigo leitor: o texto evangélico não nos orienta a "arrombar" a porta. Antes, sugere a atitude respeitosa de bater, esperando quem possa abri-la, ainda que seja necessário insistir nisso, o quanto for necessário.

Muitas vezes na vida nos depararemos com situações assim. E haverá mesmo os dias em que a porta permanecerá fechada, sem se abrir, testando nossa perseverança, aprimorando nossa vontade, ou simplesmente nos ensinando que, naquela situação, a melhor coisa foi que ela não se abrisse, pois talvez não estivéssemos pedindo o que era realmente necessário para nosso progresso espiritual.

Acima de tudo, porém, merece destacar o quanto está em nossas mãos, em nosso querer, em nossa vontade, o alcançar daquilo que necessitamos, a fim de vivermos mais equilibrados e felizes.

E isso sem que se exijam esforços hercúleos ou extravagantes, apenas movimentando as forças de que já dispomos, somadas à assistência que podemos granjear de nossos amigos espirituais, no âmbito de nosso merecimento, mas também de nosso desejo de acertar, de melhorar sempre, sobretudo empregando aquilo que já podemos movimentar em favor de quem tem carências maiores que as nossas.

Neste aspecto, é válido recordar as sábias palavras de André Luiz na obra *O Espírito da Verdade* (Ed. FEB), psicografada por Francisco Cândido Xavier e Waldo Vieira, nos parágrafos finais do capítulo 95, intitulado "Se você quiser".

Esclarece-nos o amigo espiritual:

"(...) se você quiser repousar menos alguns minutos, em seus lazeres de cada dia, poderá converter algumas horas, cada semana, em auxílio ou consolação para os semelhantes, conquistando a simpatia e o concurso de muita gente."

E, para deixar patente que está no exercício de nosso querer a conquista das bênçãos que nos aguardam, conclui:

"Não se queixe em circunstância alguma. Lembre-se de que a vida e o tempo são concessões de Deus diretamente a você e, acima de qualquer angústia ou provação, a vida e o tempo responderão a você com a bênção da luz ou com a experiência da sombra, como você quiser."

CAPÍTULO 33

LÁZARO, A PEDRA E AS FAIXAS

Na primeira passagem evangélica do capítulo 11 do texto atribuído a João, há a narrativa conhecida como "A ressurreição de Lázaro" (João, 11:1-44). O relato começa falando desse personagem, irmão de Maria, "a mesma que tinha ungido o Senhor com unguento e enxugado os pés Dele com seus cabelos".

Acompanhada de Marta, sua irmã, Maria foi até a presença de Jesus, relatando que o irmão estava enfermo. Dele, ouviram: "Esta enfermidade não é para a morte, mas para a glória de Deus, a fim de que seja glorificado o filho de Deus por meio dela".

A resposta do Mestre nos permite deduzir que a ocorrência fazia parte do planejamento espiritual da Sua missão terrena. Por meio dela, Ele seria "glorificado", isto é, o episódio repercutiria na divulgação da Sua passagem pela Terra. Lázaro, dessa forma, estava sendo instrumento do processo.

A tranquilidade de Jesus quanto ao acontecimento é patente nos versículos seguintes aos da visita das irmãs, pois lê-se que o Mestre ainda ficou "dois dias" no lugar onde estava, antes de ir ver o enfermo. Somente depois falou aos discípulos:

"Lázaro, o nosso amigo, adormeceu, mas vou despertá-lo."

Chama-nos a atenção o carinho de Jesus, a forma como tratava a todos, chamando-os de "amigos" ou "companheiros", expressão que usou até mesmo quando foi preso, no Jardim das Oliveiras, ao saudar Judas (Mateus, 26:50).

O evangelho de João menciona que, quando o Mestre chegou a Betânia, aldeia onde moravam Marta e Maria, encontrou Lázaro sepultado, já há quatro dias (11:17). Muitas pessoas acompanhavam a comitiva, entre elas judeus piedosos que vieram para confortar as irmãs.

Dirigindo-se ao local do sepultamento, ordenou que removessem a pedra que ficava em frente da gruta onde Lázaro havia sido colocado. Marta reagiu, argumentando que o corpo já devia cheirar mal, pois era o quarto dia. O Cristo não se abalou. Levantando os olhos aos Céus, disse:

"Pai, te dou graças porque me ouviste. Eu sei que sempre me ouves, mas disse isso por causa da multidão que está ao redor, para que creiam que tu me enviaste."

O Mestre não tinha a menor dúvida de que era ouvido constantemente pelo Pai, e da assistência permanente que Dele recebia para realizar Seus grandes feitos, mas dissera aquilo "por causa da multidão", a fim de despertar-lhes a fé na Sua missão divina, afinal Ele era, efetivamente, preposto de Deus na Terra.

Após dizer isso, gritou: "Lázaro, vem para fora".

E este saiu, com os pés amarrados, as mãos enfaixadas e o rosto envolto em um sudário, como era praxe na época.

João encerra a narrativa, contando que Jesus simplesmente ordenou que os presentes liberassem Lázaro daquelas faixas, deixando-o ir.

Numerosos comentários, ao longo do tempo,

procuram explicar o inusitado episódio, constituindo uma vasta literatura a respeito do assunto.

Para o Codificador, o fato do retorno, à vida corpórea, de um indivíduo realmente morto seria contrário às leis da Natureza e, por conseguinte, miraculoso.

"Se, entre nós, as aparências enganam, às vezes, os profissionais, os acidentes dessa natureza deveriam ser bem frequentes num país onde não se tomava nenhuma precaução, e onde o sepultamento era imediato" – argumenta Kardec no item 39, Capítulo 15 de *A Gênese, os milagres e as predições segundo o Espiritismo.*

O leitor curioso poderá constatar a veracidade dessa informação, consultando, em seu texto bíblico, o instantâneo sepultamento de Ananias e sua esposa Safira (Atos dos Apóstolos, 5:1-11).

A "cura" de Lázaro sinaliza a atuação da força fluídica de Jesus, muito vivificante, dirigida por Sua vontade, que reanimava os sentidos entorpecidos desses enfermos, vítimas de possíveis estados de síncope ou letargia e, portanto, tomados como mortos, quando, na realidade, estavam prestes a deixar a vida física.

"A morte não chega senão quando os órgãos essenciais à vida são atacados", elucida-nos o Codificador.

Em que pesem os inúmeros comentários sobre o tema, chamamos a atenção, aqui, para as elucidações de José Martins Peralva Sobrinho, que dedicou quatro capítulos da sua obra *Estudando o Evangelho* (Ed. FEB) para ele.

Deste estudo, retiramos preciosa fala, no que diz respeito à "pedra" removida pelos amigos de Lázaro, ao convite de Jesus para este "sair" da sepultura e à necessidade que ele tinha de se livrar das "faixas" que o impediam de movimentar-se com liberdade.

A palavra "pedra" nos remete às cristalizações mentais infelizes que, alimentadas por séculos, oriundas de nossas escolhas equivocadas, como que nos mantém "mortos" para a verdadeira vida. Neste sentido, somos convocados por Jesus a deixar esta estranha condição de "mortos", expressão que Ele imortalizou, no diálogo com o jovem que queria sepultar o pai (Lucas, 9:59-60).

Já as faixas, que imobilizavam o enfermo, remetem às faixas de egoísmo, que geram outros males: ambição, orgulho, inveja, ódio. "Velhas faixas que nos conservam imantados à sepultura de nossas ilusões, que teimam em não morrer, em não se extinguir" – anota o saudoso escritor, abrindo-nos o entendimento para o problema das "faixas mentais" que nos impedem uma visão maior.

Delas precisamos nos libertar e podemos nos considerar felizes por termos amigos que nos auxiliem nisso, convidando-nos a "sair" da sepultura das nossas vaidades, revigorando-nos para uma vida mais conectada com nossa realidade espiritual.

CAPÍTULO 34

BANQUETE COM JESUS

Um dos gestos mais expressivos no Oriente é o de compartilhar uma refeição com outra pessoa. A comunhão da mesa, nos tempos bíblicos, simbolizava grande amizade, elevado afeto, companheirismo e relação de paz entre as pessoas (Êxodo, 18:12).

Frequentemente Jesus era visto à mesa com Seus discípulos e com demais pessoas, compartilhando de Seu amor incomparável, tendo sido falsamente interpretado por adversários, que chegaram a chamá-Lo de "comilão e beberrão" (Mateus, 11:19).

Numa oportunidade, estimulou Seus seguidores a convidarem os "pobres e estropiados" para o banquete, porque estes não teriam como retribuir, numa linguagem evidentemente figurada, que demonstra a necessidade de fazer o bem pelo prazer de fazer (Lucas, 14:12-15), mas que novamente remete à satisfação que eles sentiam em dividir a mesa com alguém, uma ocasião solene, especial. É preciso

JUNTO A JESUS

lembrar que, naqueles tempos, havia grande pobreza na região, altas taxas de mortalidade infantil e uma proliferação de doenças, muitas delas causadoras de amputações, havendo muitos aleijados, daí o termo "estropiados".

Nas anotações do evangelista Mateus (9:10-13), conhecemos o belo episódio em que Jesus fez uma refeição com publicanos e "pecadores".

Os publicanos eram indivíduos encarregados de arrecadar impostos entre o povo. Por isso, e pela ganância de alguns, eram odiados e reprovados, como pecadores. Kardec explica, na Introdução de *O Evangelho Segundo o Espiritismo,* que para muitos judeus era inadmissível estreitar relações com esses indivíduos, porque isso, de alguma maneira, comprometia-os perante a sociedade.

A atitude de Jesus, ao reclinar-se à mesa com essas pessoas, arrancou palavras de indignação dos fariseus, "servis observadores de práticas exteriores", como nos lembra o Codificador. Não se contendo, aproximaram-se dos discípulos de Jesus, perguntando em tom de admiração: "Por que vosso Mestre come com os publicanos e pecadores?"

210

A pergunta revelava o espanto deles, afinal, o Mestre parecia se comportar de maneira muito "estranha", fora do comum mesmo.

Atento a tudo o que se passava, Jesus se antecipou aos discípulos e respondeu aos fariseus, com magistral sabedoria:

"Os sãos não têm necessidade de médico, mas os que estão doentes. Ide e aprendei o que significa: Misericórdia quero e não oferenda, pois não vim chamar justos, mas pecadores."

A frase recebeu de Allan Kardec o belo comentário que consta no capítulo 24, itens 11 e 12 de *O Evangelho Segundo o Espiritismo*, dos quais destacamos apenas o seguinte parágrafo: "(...) Jesus se dirigia sobretudo aos pobres e deserdados, porque são eles os que têm mais necessidade de consolações; aos cegos dóceis e de boa fé, porque pedem para ver, e não aos orgulhosos que creem possuir toda a luz e não precisar de nada".

Pode causar estranheza, para alguns, o fato de Jesus se misturar com pessoas "tidas como de má vida".

A julgar pela frase "Dize-me com quem andas e te direi quem és", pode soar delicado, principalmente quando estamos falando do nosso modelo e guia. Estaria Jesus, com isso, aprovando o erro?

É evidente que não. O Mestre podia desaprovar o erro, mas nunca o ser humano em si, aquele que erra, sobretudo por desconhecimento, por ignorância das Leis Divinas.

Considerando as faculdades excepcionais de Jesus, elevadas a um grau que ainda não compreendemos, podemos deduzir que o Mestre "lia" o interior daquelas almas, enxergando a angústia em que muitos viviam, o desejo de acertar, de se melhorar, de saciar a "fome e sede de justiça" (Mateus, 5:6), aspirando por uma vida mais ajustada ao bem e à luz, numa oportunidade que se abria, agora, com a vivência daqueles ensinos novos.

Li interessante afirmativa de conhecido sacerdote católico brasileiro, Padre Léo Tarcísio Gonçalves Pereira, falecido em 2007, que Jesus comia com aquelas pessoas porque "para Ele, o importante é a ovelha que está perdida e não a que acha que não precisa de salvação".

Aos nos considerarmos entre os "sãos", não estaremos confirmando, com toda a clareza, a nossa condição de "enfermos"? Afinal, não estamos num mundo inferior como a Terra na condição de missionários, ressalvadas as nobres e raríssimas exceções. Achamo-nos na condição de "doentinhos", aos quais o remédio das lições de Jesus produzirão a "cura" necessária, aquela que é definitiva, única capaz de assegurar plenitude.

Para Emmanuel, pela psicografia de Francisco Cândido Xavier, o banquete de Jesus com os publicanos demonstra o Senhor abraçando a todos os que desejam a "excelência de Sua alimentação espiritual nos trabalhos de Sua vinha" e que, em qualquer tempo e situação, o Cristo está sempre "pronto a atender as almas que O buscam" (*Caminho, Verdade e Vida*, Ed. FEB, Capítulo 137).

Todavia, como nos adverte o próprio benfeitor, não basta proclamarmos Jesus como nosso Divino Médico, se persistirmos em fugir de Suas prescrições, uma vez que assim Ele não pode salvar o doente, nem auxiliá-lo de algum modo.

O certo é que o banquete está servido a todos

nós, Espíritos comprometidos em incertezas e caminhos muitas vezes tortuosos, ontem ou hoje, modernos "pobres e estropiados" da parábola. Pobres, pela carência de recursos evolutivos, e estropiados, pelas automutilações que nos impomos, fruto do afastamento voluntário das Leis Divinas.

O Cristo, porém, na condição de nosso Divino Companheiro, concede-nos a oportunidade bendita de "reclinar à mesa" com Ele, aguardando nossa vinculação à prática do bem, pela partilha do "pão" de que já dispomos.

CAPÍTULO 35

MUNDO ÍNTIMO

Ensina-nos a Doutrina Espírita, sobretudo a partir da questão número 37 de *O Livro dos Espíritos*, que o Universo abrange a infinidade dos mundos, os seres animados e inanimados, todos os astros que se movem no espaço e os fluidos que o preenchem.

É coerência respeitarmos aqueles que defendem a ideia de que o Universo é obra do acaso, mas estamos convencidos de que ele não se pode ter feito a si mesmo, devendo ser obra de Deus, que formou os mundos pela condensação da matéria disseminada no espaço, sendo impossível precisarmos, no presente, há quanto tempo esses mundos vêm sendo formados.

Em outra obra da Codificação Espírita, o livro *A Gênese – os milagres e as predições segundo o Espiritismo*, instruímo-nos a respeito do assunto no capítulo 6, no qual tomamos conhecimento de que Deus, sendo, por Sua natureza, de toda a eternidade, criou de toda a eternidade, e isso não poderia ser de outro modo.

Assim, o começo absoluto das coisas remonta, pois, a Ele, e o Universo, que nasceu como uma criança de Suas mãos, revestido de Leis e do impulso inicial inerente à sua própria formação, deu nascimento a essas condensações de matéria que foram se dividindo, elas mesmas, modificando-se ao infinito, dando à luz diversos centros de criações simultâneas ou sucessivas.

Na constituição e organização dos planetas, conta Deus certamente com emissários divinos, Espíritos Puros, detentores de condição evolutiva incompreensível ainda para nós, sendo Jesus um desses missionários e o escultor divino da Terra.

Foi Ele que operou a escultura geológica do orbe terreno, estatuiu os regulamentos dos fenômenos físicos e o equilíbrio futuro, organizando, assim, o cenário da vida e o indispensável à nossa existência neste mundo, como explica Emmanuel, pela psicografia de Francisco Cândido Xavier, no capítulo 1 da obra *A Caminho da Luz* (Ed. FEB).

Sim, é graças a Ele que a harmonia das forças

físicas preside todos os ciclos das atividades planetárias na Terra, permitindo aos Espíritos que aqui se vincularam fazerem sua passagem pela matéria, buscando a evolução infinita, até alcançarem os graus de perfeição a que estão destinados, nos planos da Criação Divina.

Examinando, ainda que superficialmente, a harmonia presente em todo esse Plano Criador, no equilíbrio do Cosmos, ficamos a nos questionar acerca de nossa dificuldade em traduzir essa harmonia em nosso "mundo íntimo", seja pela dificuldade de nos governarmos, pelas manifestações intempestivas de nosso temperamento, etc.

Mas acabamos por reconhecer que não existem atalhos nesse processo, nem posturas de aparência, sendo a prática das lições do Evangelho o caminho mais seguro para traduzir a harmonia presente na Criação, em nosso "mundo íntimo".

Por essa razão, estabeleceu Jesus aos fariseus que lhe perguntaram quando viria o reino de Deus: "Não vem o reino de Deus com aparência visível (...) porque o reino de Deus está dentro de vós" (Lucas, 17:21).

A perfeição não consiste naquilo que está no exterior. Ela está "toda contida nas reformas" a que faremos nossos Espíritos passarem, ensina-nos o benfeitor espiritual Georges, no item 11, capítulo 17 de *O Evangelho Segundo o Espiritismo*.

Dessa maneira, ganha expressividade a orientação para o autoconhecimento, para a humildade que descobre as próprias imperfeições e para a persistência no bem, sem o que é muito difícil sequer sonharmos com uma vida equilibrada.

Consideramos oportunas as palavras de Emmanuel na obra *Encontro Marcado* (Ed. FEB), psicografada por Francisco Cândido Xavier, no capítulo "Temperamento", que vem ao encontro de nossas reflexões. Acompanhemos:

"Queiramos ou não, somos senhores de nosso reino mental. Por muito nos achemos hoje encarcerados, do ponto de vista de superfície, nas consequências do passado, pelas ações infelizes em nossa estrada de ontem, somos livres, na esfera íntima, para controlar e educar o nosso modo de ser. Não nos esqueçamos de que fomos colocados no campo da vida com o objetivo supremo de nosso rendimento máximo para o bem comum."

É digna de nota a assertiva "somos livres, na esfera íntima, para controlar e educar o nosso modo de ser". Ou seja, força alguma no Universo pode impedir o ser humano de autogovernar-se, de buscar a educação de si mesmo.

Mais adiante, estimula-nos ele à continuidade do processo de renovação interior, elucidando:

"Saibamos enfrentar os nossos problemas como sejam e como venham, opondo-lhes as faculdades de trabalho e de estudo de que somos portadores. Nem explosão pelas tempestades magnéticas da cólera nem fuga pela tangente do desculpismo."

E conclui, num chamamento claro à nossa responsabilidade pessoal, convidando:

"Conter-nos. Governar-nos. Aqui e além, estamos chamados a conviver com os outros, mas viveremos em nós estruturando os próprios destinos, na pauta de nossa vontade, porque a vida, em nome de Deus, criou em cada um de nós um mundo por si."

Está aí o convite, leitor amigo, para seguirmos a nossa marcha evolutiva procurando traduzir a harmonia desse Universo grandioso em nosso mundo íntimo, começando por entender melhor os outros, suas problemáticas, suas inquietações, concentrando-nos mais em aplicar em nós as lições já apreendidas, a fim de que elas se incorporem, gradativamente, dando corpo a novos pensamentos e atitudes, produzindo uma sintonização maior com as forças espirituais que nos dirigem os destinos.

CAPÍTULO 36

EM PROL DA SERENIDADE

Os livros do Antigo Testamento conhecidos como "os livros dos Reis" são relatos históricos de acontecimentos envolvendo o povo e a monarquia em Israel, com certa ênfase na degradação das autoridades, na prática de atos reprováveis dos reis, no desprezo às necessidades do povo, etc. Também apresentam reflexões em torno da ação dos chamados "profetas", homens que buscavam manter a ligação do povo com Deus, a preservação da moral e da fraternidade.

Um desses homens notáveis foi Eliseu. Sobre ele, há interessante registro no segundo livro dos Reis (2 Reis, 4:42-44). Alguém lhe traz uma oferta, atendendo a Lei das Primícias, que ordenava a consagração dos primeiros frutos de uma colheita a Deus (Levítico, 23:9-14). Eliseu recebe essa oferta e pede que seja compartilhada com o povo. Eram vinte pães de cevada e algumas espigas verdes.

O personagem que trouxe a doação tem uma reação cética, afinal, Eliseu pretendia alimentar uma centena de pessoas com aquilo:

"Como hei de eu pôr isto diante de cem homens?" – perguntou.

O profeta, porém, não se abalou. Ordenou novamente e a partilha foi feita. Todos se alimentaram, e ainda sobrou.

O leitor deve estar se lembrando de um episódio parecido – a famosa multiplicação de pães, realizada por Jesus, constante dos quatro evangelhos (Mateus, 14:13-21; Marcos, 6:30-44; Lucas, 9:10-17 e João, 6:1-15).

Segundo o relato de João, Jesus havia partido para o outro lado do Mar da Galileia e uma multidão O seguia. Subindo em um monte, sentou-se com Seus discípulos.

Vendo a multidão, virou-se para o discípulo chamado Filipe e perguntou:

"Onde compraremos pães para eles comerem?"

Na verdade, a pergunta era um teste, pois

intimamente Jesus já tinha em mente outro plano – estimular o povo à partilha, a um gesto de fraternidade, compartilhando o pouco que cada um possuía, já que esse deve ser o alvo da vida em comunidade.

A reação de Filipe foi imediata:

"Duzentos denários de pães não lhes bastariam, para que cada qual recebesse um pouco."

O denário era moeda romana que remunerava por um dia de trabalho no campo.

Por sua vez, André, irmão de Simão Pedro, comentou que um jovem trazia consigo cinco pães de cevada e dois peixes, provavelmente tomando a iniciativa da partilha, mas não considerava aquilo suficiente para tanta gente.

Está clara a aflição dos discípulos, à maneira do personagem que levou a oferta das primícias a Eliseu.

Inabalável, porém, Jesus olha em redor, vê que o lugar tinha muita grama, recomenda-lhes fazer o povo recostar, posicionando-se para comer, rende graças e começa a distribuição, no que provavel-

JUNTO A JESUS

mente é seguido pelos demais. O final da história, como todos sabemos, é um povo satisfeito e com sobras de alimentos, como o relato do segundo livro dos reis.

Considerando, como já foi dito, que o reino de Deus não vem como "aparência visível" (Lucas, 17:21), é oportuno procurarmos a essência espiritual do episódio.

Para o Codificador Allan Kardec, deve-se levar em conta o ascendente da palavra de Jesus, que cativava a multidão, fazendo com que esta procurasse mais pelo alimento espiritual que o material. Por essa razão que o Mestre tranquiliza os discípulos (*A Gênese – os milagres e as predições segundo o Espiritismo*, capítulo 15, item 48).

Parece-nos de grande valia a explicação de Emmanuel, para quem a grande lição do episódio está na falta de calma dos discípulos, na desorientação que os envolve, fomentando o desequilíbrio (*Caminho, Verdade e Vida,* Ed. FEB, psicografia de Francisco Cândido Xavier, cap. 25).

O acento tônico da passagem parece estar no

pedido de Jesus para que eles se "assentassem" sobre a relva. O termo sugere a busca de uma posição estável ou, em outras palavras, de serenidade.

Muitas vezes, em nossas casas de oração, no desempenho de nossas tarefas, o trabalho se avoluma, os recursos parecem escassos e costuma "bater o desespero".

Nessas horas, agimos como crianças afoitas, precipitadas, desequilibradas, parecendo esquecer que o Alto proverá nossas necessidades, desde que nos disponhamos a dar "do que temos" – e a partilha se fará, naturalmente, com acréscimo da Misericórdia Divina.

Invariavelmente, os Bons Espíritos, mensageiros do Senhor, sempre nos induzem à serenidade e à coragem, demonstrando sua elevação espiritual.

A serenidade é esse estado de espírito que corresponde a uma condição de calmaria, de saber esperar, de confiar com destemor, sem se deixar abalar pelas circunstâncias, na sua maioria, passageiras. Sem isso, possivelmente deixaremos passar as lições e acabaremos por perceber que não nos comporta-

JUNTO A JESUS

mos de forma muito diferente dos angustiosos discípulos do Mestre (ou do doador de Eliseu).

Ao agirmos sem serenidade, aos sobressaltos, além de perturbarmos o sossego alheio, atestamos nossa fragilidade moral diante das dificuldades, cujo único fim é nossa melhoria permanente. E ao proceder assim, em nossos grupos de trabalho, passamos, aos que nos assistem, a imagem da desordem, do descontrole.

O leitor poderá dizer que alcançar a serenidade é muito difícil, mormente nos dias tumultuosos que vivemos, mas basta recordar a longa aflição que veio de alguns segundos em que se "perdeu a estribeira", para verificar como ela é uma virtude imperiosa, sobretudo para nós, cristãos desejosos de merecer a companhia do Divino Amigo.

CAPÍTULO 37

NOSSAS OBRAS

Podemos entender por desalento aquele estado de espírito em que sentimos ausência de vigor, de coragem, de ânimo para prosseguir em nossas lutas do dia a dia.

Julgamo-nos fracos e parece mesmo que iremos sucumbir ante o volume de desafios que se desenha em nosso horizonte.

Nessas horas, apelamos para o Alto, depositando em Deus nossas mais sagradas esperanças, confiando na Sua assistência amorosa. E devemos mesmo fazê-lo, pois sem nos "abastecermos" de fé, como vencer a jornada?

O certo é que nunca nos faltará o apoio do Pai Maior sustentando-nos para continuarmos a caminhada, cabendo-nos compreender que dificilmente reuniremos ânimo sem comungarmos com Ele, através de cotas de esforço pessoal.

Sentir Deus em nós depende, em grande parte, daquilo que, de nós, damos a Ele.

JUNTO A JESUS

Recordando as lutas de Paulo de Tarso, Emmanuel comenta o registro de Atos dos Apóstolos, segundo o qual, pelas mãos do Apóstolo dos Gentios, "Deus fazia maravilhas extraordinárias (Atos, 19:11).

Mas isso só era possível porque "o iniciado de Damasco se dispôs a caminhar, auxiliando e aprendendo, no holocausto das próprias energias à exaltação do bem" (*O Espírito da Verdade*, Ed. FEB, psicografia de Francisco Cândido Xavier e Waldo Vieira, cap.44).

Da lição constante nesse belíssimo capítulo da obra de Emmanuel, extraímos mais um pensamento profundamente motivador, que julgamos oportuno reproduzir. Esclarece-nos ele: "O solo frutifica sempre quando ajudado pelo cultivador".

O ensino é claro, fazendo referência à parte que nos cabe, em termos de fidelidade a Deus, fortalecendo nossa comunhão com Ele e por meio da qual nos sentiremos mais revigorados para as tarefas a cumprir.

Aqui, é válido recordar expressivo episódio ocorrido entre o Mestre Jesus e o discípulo João, numa viagem que ambos empreenderam até Jericó. O registro consta do capítulo 19 da obra *Boa Nova*

(Ed. FEB), de autoria espiritual de Humberto de Campos, por Francisco C. Xavier.

Jericó, situada não muito distante do Mar Morto, foi palco de muitos eventos do Evangelho, tendo sido ali a cura de dois cegos e o convite de Jesus para ir à casa de Zaqueu, o cobrador de impostos.

Não era uma localidade de paisagens admiráveis, por suas expressões áridas e empobrecidas.

No meio do trajeto, aproximando-se de uma propriedade rural, avistaram um lavrador rude, que cavava um grande poço, num esforço que lhe arrancava muito suor.

O fato é que as chuvas escassearam na região, havia um bom tempo, obrigando o lavrador ao trabalho exaustivo, porém essencial, de buscar o líquido precioso nas reservas do subsolo.

Sempre atento aos quadros de ensinamentos vivos que a Natureza proporciona, Jesus imediatamente falou a João:

"Esse quadro da Natureza é bastante singelo; porém, é na simplicidade que encontramos os símbolos mais puros. Observa, João, que este homem compreende que, sem a chuva, não haveria mananciais na Terra; mas não para em seu esforço (...).”

E, mais adiante, como a sugerir que precisamos aprender a “ler” além da forma, instrui:

“(...) Esta paisagem deserta de Jericó pode representar a alma humana, vazia de sentimentos santificadores. Este trabalhador simboliza o cristão ativo, cavando junto dos caminhos áridos, muitas vezes com sacrifício, suor e lágrimas, para encontrar a luz divina em seu coração. E a água é o símbolo mais perfeito da essência de Deus, que tanto está nos Céus como na Terra.”

Mal terminara Jesus de pronunciar aquelas palavras, e João pôde observar a água clara começando a surgir do solo, após o imenso esforço do humilde lavrador, coroando a instrução do Divino Amigo.

Ninguém está impedido de buscar por si os recursos divinos que almeja, bastando que se disponha ao trabalho que lhe compete, o que quase sempre implica em “esforço de cavar”.

O lavrador tinha a opção de aguardar a chuva, conservando-se desalentado e triste, mas não pagaria por isso um preço maior que entregar-se ao serviço?

É por essa razão que o ensino "a cada um segundo as suas obras" está na base de todas as aquisições do Espírito imortal, não importando as condições em que ele se encontre.

Recorrendo uma vez mais a Emmanuel, servimo-nos de suas palavras finais, conforme a instrução do capítulo 49 do livro *Coragem* (Ed. CEC), psicografia de Francisco C. Xavier, intitulado "O que importa":

"Importa nos agasalhemos na paciência; que nos apliquemos à desculpa incondicional; que nos resguardemos na humildade, observando que só temos e conseguimos aquilo que a Divina Providência nos empreste ou nos permita realizar; que nos cabe responder ao mal com o bem, sejam como sejam as circunstâncias; e que devemos aceitar a verdade de que cada coração permanece no lugar em que se coloca e que, por isso mesmo, devemos, acima de tudo, conservar a consciência tranquila, trabalhar sempre e abençoar a todos, procurando reconhecer que todos somos de Deus e todos estamos em Deus, cujas leis nos julgarão a todos, amanhã e sempre, segundo as nossas próprias obras."

CAPÍTULO 38

A EXPERIÊNCIA DE JUDAS

Estando os doze apóstolos reunidos com Jesus, na última Ceia Pascal (Mateus, 26:20-29; Marcos, 14:17-25; Lucas, 22:14-23; João, 13:21-30), enquanto comiam, disse-lhes o Mestre que um dos presentes O entregaria aos Seus adversários.

Entristecidos, começaram a Lhe perguntar qual seria. Ouviram, então:

"O que mergulhou a mão na tigela comigo, esse me entregará".

Era uma referência a um dos doze, que estava se alimentando à mesa com Ele. A frase é atualíssima. Muitas vezes, decepcionaremos, ou sofreremos decepções, de afetos caros, que partilham conosco "da mesma mesa".

João escreveu que, tendo mergulhado um pedaço de pão, Jesus o entregou a Judas Iscariotes, filho de Simão. Ao recebê-lo, saiu depressa. Era noite.

O desfecho da história é conhecido. Judas arrependeu-se de seu plano, mas foi, curiosamente, a primeira pessoa a declarar, aos sumos sacerdotes e anciãos, que Jesus era inocente: "Pequei, entregando sangue inocente!" (Mateus, 27:4). Depois disso, segundo o evangelista, deixou-os e enforcou-se.

Em Atos dos Apóstolos (1:18), lemos outra versão de sua morte: "(...) e, precipitando-se, arrebentou-se ao meio e todas as suas entranhas se derramaram".

Sabemos, pelas informações da Codificação, que o suicídio nunca soluciona problemas, pois vai contra todos os interesses daquele que o pratica, mas havia, na tradição do Antigo Testamento, a prescrição para que o assassino se autoimolasse. É conhecido o suicídio de Aitofel (2 Samuel, 17:23), que também se enforcou após trair o Rei Davi.

Em que pese o que já foi comentado acerca desse tema, multidões execram Judas Iscariotes até hoje, sendo lamentável que isso ocorra entre muitos cristãos, para os quais a diretriz "não julgar" deveria ser sempre observada.

Para os espíritas, há motivos de sobra para um

olhar diferenciado, ante a farta literatura a respeito do dilema desse apóstolo.

No capítulo 24 do livro *Boa Nova* (Ed. FEB), de autoria de Humberto de Campos, pela mediunidade de Francisco C. Xavier, aprendemos que Judas considerava que o Mestre não preenchia o perfil do condutor enérgico e altivo que o povo almejava. E que ele, Judas, podia, com sua força política, apressar o triunfo "mundano" (material) do Cristianismo.

Em outra obra do mesmo autor espiritual, o livro *Crônicas de Além Túmulo* (Ed. FEB), no capítulo 5, lemos interessante depoimento de Judas, já redimido de seu débito, do plano espiritual:

"Ora, eu era um dos apaixonados pelas ideias socialistas do Mestre, porém o meu excessivo zelo pela doutrina me fez sacrificar o seu fundador. Acima dos corações, eu via a política, única arma com a qual poderia triunfar, e Jesus não obteria nenhuma vitória (...). Planejei então uma revolta surda como se projeta hoje em dia a queda de um chefe de Estado. O Mestre passaria a um plano secundário, e eu arranjaria colaboradores para uma obra vasta e enérgica (...)."

Mas, como sabemos, algo saiu errado. Judas se afundou em séculos de sofrimento expiatório, tendo sofrido horrores nas perseguições infligidas aos seguidores de Jesus, tendo deixado na Terra os derradeiros resquícios de seu débito numa fogueira, na Europa do século XV, segundo nos conta o autor espiritual, também vítima de traição, tendo sido vendido e usurpado.

O que mais nos emociona é recordar como Jesus, a vítima, reagiu à ação facilitada por Judas.

Agindo contra tudo o que se pode imaginar, o Mestre jamais deixou de envolver o discípulo equivocado em Suas vibrações amorosas.

É conhecida a oração católica que começa dizendo: "Creio em Deus Pai todo poderoso, criador do Céu e da Terra, e em Jesus Cristo, Seu único filho, nosso senhor, que foi concebido pelo poder do Espírito Santo, nasceu da Virgem Maria, padeceu sob Pôncio Pilatos, foi crucificado, morto e sepultado, **desceu à mansão dos mortos** (grifo nosso), ressuscitou ao terceiro dia..."

Há muito tempo, tínhamos a curiosidade de

saber a razão da "descida" de Jesus à mansão dos mortos, logo após Sua morte.

A resposta para isso fez todo o sentido: Ele o fez, a fim de socorrer o suicida!

É o que nos conta Maria Dolores, poeticamente, através de Francisco C. Xavier, na obra *Coração e Vida* (Ed. Ideal), capítulo 14, num diálogo sublime de Jesus com Maria Madalena, na radiosa manhã da ressurreição, em que ela questiona onde Ele se encontrava, antes de ressurgir glorioso.

E o Cristo respondeu, solícito:

"Despertando no túmulo, escutei
Os gritos da aflição de alguém que muito amei
E que muito amo ainda...
Embora visse Além, a Luz sempre mais linda,
Sentia nesse alguém um amado companheiro,
Em crises de tristeza e de loucura...
Fui à sombra abismal para a grande procura
E ao reencontrá-lo amargurado e louco,
A ponto de não mais me conhecer,
Demorei-me a afagá-lo e, pouco a pouco,
Consegui que ele, enfim, pudesse adormecer..."

CAPÍTULO 39

A SEDE DO CRUCIFICADO

É uma curiosidade, comum aos leitores do Evangelho, o que Jesus teria bebido quando estava na cruz. Seria vinho ou vinagre? Ele bebeu para anestesiar Sua dor ou por crueldade dos soldados?

Examinando os registros evangélicos, lemos que, num primeiro momento, deram-Lhe para beber vinho misturado com fel (ou mirra, segundo Marcos); ao provar, **não quis beber** (Mateus, 27:34; Marcos, 15:23).

Num segundo momento, um deles (Lucas cita que foi um dos soldados), correndo, tomando uma esponja, enchendo-a de vinagre e colocando-a em volta de um caniço, dava-Lhe para beber (Mateus, 27:48; Marcos, 15:36; Lucas, 23:36). O evangelista João diz que Jesus afirmou primeiro que tinha sede e que, depois disso, deram-Lhe uma esponja cheia de vinagre em um talo de hissopo. Jesus tomou e disse: "Está consumado". Depois disso, faleceu (João, 19:28-30).

Estima-se que o vinho com fel (a primeira bebida oferecida a Jesus) era feito por mulheres piedosas, para atordoar os condenados, com permissão dos romanos. Era inebriante, para que não sentissem muito as dores.

No hebraico, a palavra fel também pode significar absinto ou vermute. Portanto, era vinho para "anestesiar". Era costume entre os judeus dar essa bebida anestésica aos condenados à morte (Provérbios, 31:6-7). Essa primeira bebida Jesus recusou porque queria sofrer com plena consciência, afirma o teólogo alemão Fritz Rienecker (*O Evangelho de Mateus – Comentário Esperança*, Ed. Evangélica Esperança).

Para o mesmo autor, a segunda bebida (a que Jesus aceitou) era a mesma que os soldados sempre carregavam consigo em seus exercícios, a chamada *posca*, uma limonada preparada com água, vinagre e ovos batidos. Jesus, que rejeitara a primeira bebida anestésica, agora bebeu avidamente esse líquido refrescante. Esse Seu último gesto, de beber esse líquido, revela muito o quanto Ele deve ter sofrido na cruz.

Mas paira no ar a dúvida: quis a pessoa que deu a segunda bebida suavizar-Lhe a sede ou prolongar

Seu martírio? Até hoje, as duas hipóteses são aceitas como possíveis.

Divaldo Pereira Franco conta, em uma de suas conferências, que Madre Teresa de Calcutá meditou muito sobre esse pedido de Jesus na cruz: "Tenho sede". O que ela, como cristã, estava dando de si para Lhe saciar? "Ele continua com sede" – pensou. Foi então que resolveu dedicar-Lhe a vida...

Há uma maneira de atendermos a esse pedido do Mestre hoje. Segundo Ele mesmo disse, toda vez que saciarmos a sede de um de Seus irmãos, mais pequeninos, é a Dele que saciamos (Mateus, 25:40).

Sede, fome, frio, entre outras necessidades essenciais, assinalam o quanto estamos distantes de uma sociedade fraterna, organizada dentro dos princípios do Evangelho.

Em *O Livro dos Espíritos*, questão 930, lemos que "numa sociedade organizada segundo a Lei do Cristo, ninguém deve morrer de fome". E mais, com "uma organização social sensata e previdente, os homens não sofrerão necessidades a não ser por sua culpa. Essa culpa, no entanto, é muitas vezes o resultado do meio em que vivem. Quando todos praticarem a lei de Deus, haverá uma ordem social fundada na justiça e na solidariedade, na qual o próprio indivíduo também será melhor".

A julgarmos pelas condições da vida na Terra, não é exagero afirmar que o Mestre continua com sede. Não está mais na cruz, no entanto, Suas palavras permanecem vivas, aguardando serem saciadas. Seu desejo é que nos tornemos cada vez mais cooperadores na obra da criação divina. Isto, aliás, ficou muito claro na resposta à questão número 132 de *O Livro dos Espíritos*.

"Qual é a finalidade da encarnação dos Espíritos?" – indagou Kardec.

E a resposta dos Espíritos Superiores foi:

"Deus impõe a encarnação aos Espíritos para fazê-los chegar à perfeição (...). A encarnação tem ainda outra finalidade: a de pôr o Espírito em condições de assumir a **sua parte na obra da criação** (grifo nosso)."

Já se perguntou qual será a sua, prezado leitor?

Refletindo sobre nossas responsabilidades, é bom que comecemos por cuidar melhor de nossos próprios pensamentos, sentimentos e atitudes, conferindo aos outros a liberdade de serem como são. A vida do outro, como as próprias palavras dizem, é "vida do outro". Já será muito administrarmos bem a nossa, com todas as circunstâncias que a envolvem.

Entenda-se bem que não estamos falando de virar as costas para quem necessite de nós, muito pelo contrário. A ênfase, aqui, é para não exigirmos do outro mudanças que ainda não conseguimos concretizar em nosso íntimo.

É prudência sermos menos exigentes e mais agradecidos, não cobrando da vida tanto quanto devemos dar a ela, uma vez que, seja qual for a nossa situação, nada nos acontece que não seja próprio de nós mesmos.

Assim, mais ocupados de nossa renovação íntima, mais gratos e fraternos, cooperando para nos equilibrarmos, melhorando nossas relações com os que nos partilham a existência e abraçando com boa vontade roteiros iluminativos de sincera prática do bem, através da caridade desinteressada, estaremos, pelo menos, sendo aquela gotinha que vai se somar a tantas outras, a fim de aliviar a sede do Cristo, que tanto espera de nós.

CAPÍTULO 40

DA ÁGUA PARA O VINHO

Conta o evangelista João (2:1-12) que houve uma festa de casamento em uma cidade chamada Caná, para a qual Jesus e Sua mãe foram convidados. "Caná, ou lugar das canas, era a cidade natal de Natanael, um dos discípulos de Jesus. Era conhecida como Caná da Galileia para distingui-la de uma outra Caná, que ficava em Aser" – explica José Carlos Leal, em *Jesus, sua terra, seu povo e seu tempo* (Ed. F.V.Lorenz).

Em dado momento, faltou vinho para os convidados, o que foi percebido primeiramente por Maria, que, com delicadeza, solicitou a intervenção de Jesus. Ele relutou: "Minha hora ainda não chegou".

Aparentemente ignorando Seu pedido, como a mãe que sabe o que está fazendo, apesar da atitude do filho, Maria convocou os servidores da festa e disse-lhes: "Fazei o que Ele vos disser". A frase se tornou emblemática, o maior conselho de Maria à humanidade inteira...

Havia no lugar seis talhas de pedra, capazes de armazenar cerca de noventa litros cada. Jesus ordenou que as enchessem com água, e assim fizeram, até as bordas.

Ato contínuo, ordenou que levassem o líquido ao mestre de cerimônias, que provou e admirou-se, chamando o noivo e elogiando:

"Todo homem põe primeiro o bom vinho e, quando estão embriagados, serve o inferior. Tu conservaste o bom vinho até agora."

O texto não menciona qual foi a reação do noivo, que, segundo imaginamos, nada entendeu, tendo sido esse feito, segundo o evangelista, o "princípio de sinais" com que Jesus manifestou Sua glória, fazendo com que Seus discípulos cressem Nele.

A tese de que o Mestre assim agiu para fortificar a fé dos Seus primeiros seguidores não pode ser de todo descartada. Mas preferimos o comentário do Codificador, para quem é mais racional ver nesse episódio uma parábola, afinal, Jesus era de uma natureza muito elevada "para se prender a efeitos puramente materiais" (*A Gênese, os milagres e as predições segundo o Espiritismo*, capítulo 15, item 47).

Há um outro detalhe: Caná ficava nas proximidades de Nazaré e é perceptível em Jesus a discrição em produzir fenômenos na Sua cidade natal, e até mesmo nas redondezas, pois considerava que "não há profeta sem honra, a não ser na sua pátria e na sua casa" (Mateus, 13:57).

Além do mais, é de se estranhar a ação ostensiva de Maria e de Jesus, por serem apenas convidados, pois agem com uma naturalidade incomum, quando o normal seria aguardarem, já que o problema não lhes competia. Há que se considerar, também, que Maria não tinha ainda perfeita noção das coisas que Jesus era capaz de fazer.

Todas essas considerações concorrem contra a historicidade do feito que, aliás, deveria ter sido comentado pelos outros evangelistas, o que reforçaria a ocorrência. Há quem o interprete como a diferenciação entre o Judaísmo e a mensagem de

Jesus, supondo que os cristãos detêm algo mais "saboroso"...

Recorrendo a Emmanuel, uma vez mais, temos a boa interpretação segundo a qual "o júbilo ainda é de noivado, porquanto ainda não se verificou a perfeita união..." (*Caminho, Verdade e Vida*, Ed. FEB, psicografia de Francisco C. Xavier, capítulo 171).

Aliás, examinando a questão com cuidado e comparando o vinho da parábola no aspecto da alegria e da esperança, somos levados a refletir sobre o "sabor" com que temos preenchido nossos relacionamentos, seja no campo familiar, afetivo ou social. Não estaria aí a causa para muitas desilusões, desinteresses e abatimentos? Não estaremos nos comportando como cristãos insípidos, "aguados", sem graça?

O fenômeno produzido por Jesus nos induz a uma reflexão importante no que diz respeito à nossa jornada: a capacidade de cada um em **mudar para melhor**!

"Nós somente mudamos quando sentimos que uma coisa nos incomoda. Sem esse incômodo,

248

dificilmente as pessoas mudam, porque mudar é cansativo, mudar dá trabalho, tira o conforto e causa medo" – explicava, em interessante programa radiofônico, o médico psiquiatra e psicoterapeuta brasileiro Flávio Gikovate, falecido em outubro de 2016.

A mudança só se opera pelo gatilho da necessidade. Enquanto a necessidade não produzir um incômodo, ninguém opera mudanças radicais de comportamento. Enquanto houver "estoque de vinho", estamos satisfeitos e vamos nos mantendo como que embriagados com as coisas como elas são.

Já comentamos que a questão número 800 de *O Livro dos Espíritos* esclarece que conhece bem pouco o ser humano aquele que acha que ele pode mudar como que por encanto, pois as transformações somente se operam gradual e progressivamente.

Realmente, não existe mágica aqui. O que existe é trabalho sério, planejado, fruto de esforço e determinação de mudar, operada por uma motivação íntima. E isso é possível ver em alguns exemplos raros e cativantes de criaturas que conseguiram realizar, em si mesmas, o "milagre" de saírem "da água para o vinho".

Àqueles que permanecem céticos quanto a essa possibilidade, que sirvam de exemplo as vidas de um Paulo de Tarso, de uma Maria de Magdala, de tantos personagens que, na tradição cristã, promoveram mudanças radicais e interessantíssimas.

Em plano menor, há pessoas "mudando da água para o vinho", anonimamente, produzindo transformações surpreendentes, quando deixam um vício de lado, quando perdoam alguém, quando substituem o tempo ocioso por um trabalho voluntário, etc.

A compreensão das lições do Cristo é um gatilho poderoso para essa mudança, daí a nossa motivação para a proximidade com a Boa Nova, pois ainda não conseguimos realizar esse "milagre" de uma renovação mais concreta, nos padrões que nos pede a Espiritualidade, colocando os ensinos do Cristo em prática.

É por essa razão, leitor amigo, que nos dedicamos a essas reflexões, a fim de que elas operem em nós o desejo de superar o período de "noiva-do", promovendo o "casamento" definitivo com a mensagem de Jesus. É imperioso nos "irmanarmos ao Mestre". À medida que isso for ocorrendo, não duvidamos, deixaremos de fazer as coisas sempre do mesmo modo, mecanicamente, porque, evange-licamente falando, já não será mais possível viver sem o "sabor do vinho" que só Ele foi capaz de produzir...

Leia Também

Hoje com Jesus

A verdade é que, quanto mais entramos no mundo do Cristo, mais ele nos fascina. Nosso conhecimento se dilata, e não podemos disfarçar que também cresce, em nós, uma sensação de pequenez e humildade, que não só nos auxilia no combate às manifestações do orgulho como também nos descortina um universo de aprendizados pela frente.

Estudo Doutrinário • 256 páginas • 14x21 cm

IDE | Livro com propósito

No ano de 1963, Francisco Cândido Xavier ofereceu a um grupo de voluntários o entusiasmo e a tarefa de fundarem um periódico para divulgação do Espiritismo. Nascia, então, o Instituto de Difusão Espírita - IDE, cujos nome e sigla foram também sugeridos por ele.

Assim, com a ajuda de muitas pessoas e da espiritualidade, o Instituto de Difusão Espírita se tornou uma entidade de utilidade pública, assistencial e sem fins lucrativos, fiel à sua finalidade de divulgar a Doutrina Espírita, por meio de livros, estudo e auxílio (material e espiritual).

Tendo como foco principal as obras básicas de Allan Kardec, a preços populares, a IDE Editora possui cerca de 300 títulos, muitos psicografados por Chico Xavier, chegando a todo o Brasil e em várias partes do mundo.

Agora, na era digital, a IDE Editora foi a pioneira em disponibilizar, para download, as obras da Codificação, em português e espanhol, gratuitamente em seu site: ideeditora.com.br.

Além da editora, o Instituto de Difusão Espírita também se desenvolveu em outras frentes de trabalho, tanto voltadas à assistência e promoção social, como o acolhimento de pessoas em situação de rua (albergue), alimentação às famílias em momento de vulnerabilidade social, quanto aos trabalhos de evangelização infantil, mocidade espírita, artes, cursos doutrinários e assistência espiritual (passes).

Ao adquirir um livro da IDE Editora, você estará colaborando com a divulgação do Espiritismo e com os trabalhos assistenciais do Instituto.

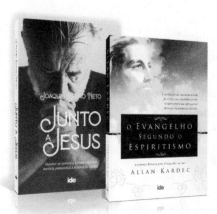

Este e outros livros da *IDE Editora* ajudam na manutenção do baixíssimo preço das *Obras Básicas de Allan Kardec,* mais notadamente *"O Evangelho Segundo o Espiritismo"*, **edição econômica.**

FUNDAMENTOS DO
ESPIRITISMO

1º *Crê na existência de um único Deus, força criadora de todo o Universo, perfeita, justa, bondosa e misericordiosa, que deseja a felicidade a todas as Suas criaturas.*

2º *Crê na imortalidade do Espírito.*

3º *Crê na reencarnação como forma de o Espírito se aperfeiçoar, numa demonstração da justiça e da misericórdia de Deus, sempre oferecendo novas chances de Seus filhos evoluírem.*

4º *Crê que cada um de nós possui o livre-arbítrio de seus atos, sujeitando-se às leis de causa e efeito.*

5º *Crê que cada criatura possui o seu grau de evolução de acordo com o seu aprendizado moral diante das diversas oportunidades. E que ninguém deixará de evoluir em direção à felicidade, num tempo proporcional ao seu esforço e à sua vontade.*

6º *Crê na existência de infinitos mundos habitados, cada um em sintonia com os diversos graus de progresso moral do Espírito, condição essencial para que neles vivam, sempre em constante evolução.*

7º *Crê que a vida espiritual é a vida plena do Espírito: ela é eterna, sendo a vida corpórea transitória e passageira, para nosso aperfeiçoamento e aprendizagem. Acredita no relacionamento destes dois planos, material e espiritual, e, dessa forma, aprofunda-se na comunicação entre eles, através da mediunidade.*

8º *Crê na caridade como única forma de evoluir e ser feliz, de acordo com um dos mais profundos ensinamentos de Jesus: "Amar o próximo como a si mesmo".*

9º *Crê que o espírita tenha de ser, acima de tudo, Cristão, divulgando o Evangelho de Jesus, através do silencioso exemplo pessoal.*

10º *O Espiritismo é uma Ciência, posto que a utiliza para comprovar o que ensina; é uma Filosofia porque nada impõe, permitindo que os homens analisem e raciocinem, e, principalmente, é uma Religião porque crê em Deus, e em Jesus como caminho seguro para a evolução e transformação moral.*

Para conhecer mais sobre a Doutrina Espírita, leia as Obras Básicas, de Allan Kardec: O Livro dos Espíritos, O Evangelho Segundo o Espiritismo, O Livro dos Médiuns, O Céu e o Inferno e A Gênese.

ide ideeditora.com.br

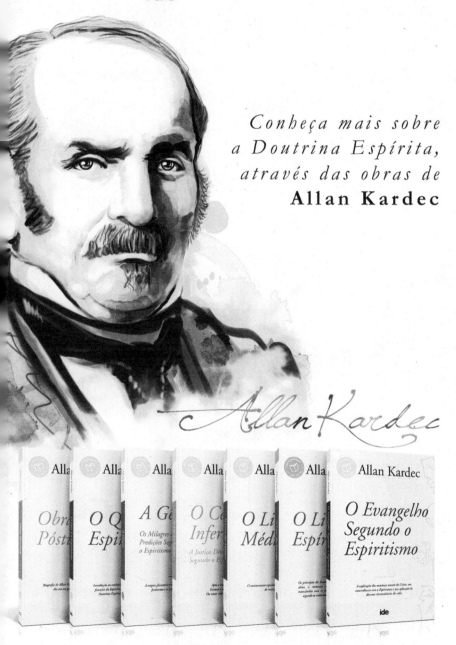

Pratique o "Evangelho no Lar"

livros com propósito

INSTITUTO
DE DIFUSÃO
ESPÍRITA

🌐 ideeditora.com.br
📷 ideeditora
f ide.editora
🐦 ideeditora

Ide editora é nome fantasia do Instituto de Difusão Espírita, entidade sem fins lucrativos.

Se você acredita no conhecimento que os livros inspiram, na caridade e na importância dos ensinamentos espíritas, ajude-nos a continuar esse trabalho de divulgação e torne-se um sócio-contribuinte. Qualquer quantia é de grande valor. Faça parte desse propósito! Fale conosco 💬 (19) 9.9791.8779.